子どもたちに伝えたい！仕事に学んだ日本の心

外国人が教えてくれた！
私が感動した ニッポンの文化

第3巻 人と人とをつなぐ「人」！ニッポン社会で大活躍

監修 ロバート キャンベル

日本図書センター

監修にあたって
日本の文化に耳を澄まして

　日本に限らずどこの国でも、昔からの伝統的な学び事をずっと続けて、「外国人でありながら」それを完璧にこなせるように努力してきた人を、わたくしは美しいと思う。

　彼らはものすごくたくさんあったにちがいない選択肢の中から、おそらく誰に言われることもなく、自分一人で「これだ」というものを選びとっている。すごいことだ。わたくしは、日本で伝統文化を学んで学んで、学びぬいて、「ついにマスターした！」という友だちを何人も知っているけれど、みんな目が輝いている。

　何かを体験することでそのことが好きになるというのは、自然なこと。好きになった以上はとことん練習して、昨日できなかったことをやってみせるというのも、最高に気持ちいい。でも体験と言っても、なかなかいいきっかけが見つからなかったり、自分にとってどういうことが面白いのかに、気づくことがむずかしい時もある。そんな時、この本に登場する人々から、いいヒントがもらえるかもしれない。

　日本の伝統文化を自分の仕事にしている外国人は、ほとんど例外なく、日本の「これだ！」に出会う前から、自分の国の文化の何かに興味を持ったり、深く感じたり、勉強したり、あるいはすでに仕事をしたりしている。これから世界に出かけていって何かをきわめたいと思っている若い読者も多いと思う。そうした読者はこの本を読みすすめるうちに、自分がいちばん知っている日本という環境の中で耳を澄まして、すばらしい文化に触れてみることが、実は早道だということに気づくはずだ。

　音楽でも宗教でも染織でも料理でも絵画でもそうだが、本物をきわめた外国人は日本の伝統の外からやってきているので、とっかかり方がちがう。一瞬の出会いの中でアンテナが働き、「つながった！」と思って、それを信じ続けているから今がある。「職業にできることなんて夢のまた夢」。そんな状況に目をつぶらなければ、とても続けられたものではない。みんなねばり強く、と同時に楽しそうにがんばっている。そう考えると、日本のよさは、ひょっとして外側から発見して、飛び込んできた人々の姿と言葉から、ぐっとリアルに感じられるものなのかもしれない。少なくとも、わたくしはこの『外国人が教えてくれた！私が感動したニッポンの文化』を読み返しながら、そう実感したのである。

ロバート キャンベル
（東京大学大学院教授）

この本の使い方

わたしたちといっしょに今まで気がつかなかった「ニッポンのいいところ」を見つけにいこう！

日本に魅せられ、日本にやって来て活躍する外国人。このシリーズでは、日本の文化や環境の中で、さまざまな仕事をする21人の外国人と、その仕事との出会いを紹介します。第3巻では7名、それぞれの仕事を通じて、外国人がわたしたちの知らなかったニッポンを教えてくれます。

profile
紹介する人のプロフィールがわかります。

何をする人？
「○○さん」×「仕事」というタイトルで、「誰が」「何に」取り組んでいるのかが、ひと目でわかります。

仕事の心意気
印象的な言葉、仕事に向き合う姿勢や気持ちを学びます。

大切なものを紹介！
家族や仕事の仲間、気持ちをこめてつくった作品などを紹介します。

コラム「発見！ニッポン」
なじみのない伝統文化や仕事について、図や写真でやさしく解説します。

アイテムチェック
仕事に関連する道具、いつも持ち歩いているものなどを、ズームアップして紹介します。

ぼくも先輩たちみたいに、日本の文化に関心があるんだ

もっと教えて！○○さん
「日本についてどう思っているの？」など、Q＆A形式でさらにその人の魅力に迫ります。

もくじ

監修にあたって 日本の文化に耳を澄まして ……………………… 2

この本の使い方 ……………………… 3

🇦🇺 チャド・マレーンさん×お笑い ……………………… 6

たくみな関西弁を操る大人気のお笑い芸人、チャドさん。翻訳家、通訳としても活躍中のチャドさんは、「日本のお笑い文化をもっと世界に広めたい！」と熱い思いを抱いて、「お笑い」に挑戦し続けています。

🇺🇸 マイケル・レドモンドさん×囲碁 ……………………… 12

マイケルさんにとって、一生をかけて本気で打ち込めることは囲碁でした。日本でたった一人、現役のアメリカ人プロ棋士になったマイケルさんが、囲碁の三大タイトル獲得という夢に向かって心がけていることとは？

🇫🇷 ロマン・エデルマンさん×競技かるた ……………………… 18

スピーディで激しい対戦が見る者を魅了する、競技かるた。選手として活躍するだけでなく、母国・フランスでも競技かるたを広めるため、熱心に活動を続けているロマンさんの思いに迫ります。

🇩🇪 セーニャ・ラブロウさん×日独文化交流 ……………………… 24

「心ひかれる日本で生活したい！」和菓子職人の修行をし、今は看護の勉強に励むセーニャさんは、京都府の名誉友好大使として日本とドイツの交流にいそがしい毎日です。「一期一会」の気持ちで向き合う、日本との出会いを語ります。

🇺🇸 ジェフリー・ムーサスさん×日本建築(にほんけんちく) ……… 30

ジェフリーさんが日本で学んだのは、世界トップクラスの現代の建築と、京都の古い住宅やお寺をつくるための伝統的な建築。それぞれのよさを生かして、惚れ込んだ京都に住むジェフリーさんが目指す「建築」とは、どのようなものなのでしょう?

🇧🇷 アマラオさん×サッカー ……… 36

かつてはJ(ジェイ)リーガーとして大活躍したアマラオさん。現在は中高生のサッカー指導を行っています。今でも多くのサポーターから愛されているアマラオさんが、現役時代からずっともち続けている信念と、日本サッカーへの思いを語ります。

🇮🇹 スタンザーニ詩文奈(シモーナ)さん×マンガ ……… 42

日本のマンガ、アニメ、映画を英語や母国語であるイタリア語に翻訳し、世界に発信する詩文奈さん。「マンガには人生を変えるすごいパワーがある!」とマンガの可能性を信じて、仕事に情熱をそそぐ詩文奈さんの素顔に迫ります。

コラム ニッポンに恋した外国人 ……… 29

イザベラ・バード&バーナード・リーチ

コラム 世界に広がる日本 culture(カルチャー) ……… 47

Otaku(オタク)文化と外国人

※この本で紹介している情報は2015年1月現在のものです。

テレビやラジオ、舞台、映画などで大活躍のチャドさん。関西弁を操り、たくみな話芸で人々を魅了する、人気のお笑い芸人です。もっとたくさんの人を笑わせたい。そして、日本のお笑い文化を、もっと世界に広めたい。そんな思いを抱いて、チャドさんは今日もネタをつくり、舞台に上がっています。

大きな漫才コンクールで優勝したい。それが一番の目標です

profile
出身国：オーストラリア
生年：1979年
職業：お笑い芸人
紹介：高校1年生のときに交換留学生として来日。日本のお笑いに衝撃を受け、芸人になることを決意し、高校卒業後に再来日。お笑いコンビ「チャド・マレーン」として活動するほか、映画の字幕翻訳など幅広く活躍している。

チャド・マレーンさん × お笑い

日本のお笑いこそ世界一

チャドさんは小さいころから、アメリカのコメディアンである、ジェリー・ルイス*1の大ファンでした。ジェリー・ルイスは、わかりやすいストーリーと大げさな動きが特徴の、いわゆる「ドタバタ喜劇」で大人気。彼が出演する映画やテレビを見ているうちに、「大きくなったら自分もコメディアンになりたい！」と思うようになったのです。

高校1年生のとき、交換留学生として日本に。実は日本には興味がなかったのですが、「飛行機に乗れるから」という理由で応募。留学先は、兵庫県にある高校でした。クラスメートはお笑いが大好きな仲間ばかりで、チャドさんはたちまち、お笑いに詳しくなりました。

「日本のお笑いのことを、いろいろ教えてもらいました。漫才にはボケとツッコミがある。ボケが変なことをいったら、ツッコミが『何でやねん！』とツッコむんやで、とか」

人気のお笑い番組を教えてもらったチャドさん、それを録画して何度も繰り返し見ました。日本のお笑いは、それまで見ていたアメリカやオーストラリアのコメディとは全くちがいました。テンポのよさ、独特の間。また、芸人の数がとても多く、それだけたくさんの種類の笑いがありました。「日本のお笑いこそ世界一だ！」と感じたチャドさんは、日本で芸人になることに決めたのです。

外国人としてはじめてNSCへ

チャドさんは、オーストラリアにもどって高校を卒業した後、吉本興業が主催するお笑い芸人養成所「吉本総合芸能学院（通称：NSC）」に入ることにします。電話をかけて入りたいと伝えたところ、NSCの担当者から返ってきた言葉は、「止めなさい」でした。「NSCには芸人志望の人が、毎年何百人も入ってくるけれど、その中で売れるのはほんの1組か2組。お金と時間のむだだから、諦めてちゃんとした仕事についたほうがいい」といわれてしまいます。それでもチャドさんは、「絶対に行く！」と来日し、外国人としてはじめてNSC大阪に入学します。お笑い芸人を目指して、チャドさんと同じ時期にNSCに入った人は、300人以上もいました。この中で、「売れる1組

カメラにキメ顔！このころから芸人としてのセンスがあったのかも!?

← 子どものころのチャドさん。

←← 高校生のころのチャドさん。お笑いをきっかけに日本語も上達し、全豪日本語弁論大会で第1位に輝くほどに。

← NSC大阪に入ったころ。NSCではじめての外国人ということで、入学早々、チャドさんのテレビの密着取材が行われました。

*1 ジェリー・ルイス（1926〜）…代表作『底抜け大学教授』など、コメディ映画に多数出演しているアメリカのコメディアン。体の動きを使ったギャグで多くの観客を笑わせた。

か2組に絶対なってやる」と改めて決意、チャドさんのお笑い修業が始まります。

転機は早々にやって来ます。NSCで出会った加藤貴博さんと、「ジパング上陸作戦」*3というコンビを組んだのです。加藤さんは4歳年上で、NSCの2期上の先輩でもあります。お笑いにも詳しい、頼れるお兄さんのような存在でした。1999年には「第20回今宮子供えびすマンザイ新人コンクール」で大賞を受賞。テレビ番組のレギュラーとなり、またイベントにもたびたび出演するなど、芸人生活は順調にスタートしました。

「日本一面白い芸人」の弟子に

もうひとつ、大きな出会いがありました。大先輩のお笑い芸人・ぼんちおさむ*2さんと、テレビ番組の収録を通じて知り合ったのです。最初の印象は、「とにかく元気で声が大きいおじさん」。しかし話すうちに、ぼんちさんのことを「日本一面白い！」と思うようになります。2人ともジェリー・ルイスが大好きという共通点もあり、チャドさんはぼんちさんの弟子にしてもらったのです。

約2年の間、チャドさんは師匠と生活をともにします。弟子はふつう、朝早く起きてご飯をつくり、仕事場まで車で師匠を送ります。そして、舞台のそででおしぼりを持って出番が終わるのを待ち、夜はマッサージ、次の日の衣装の準備という具合に、弟子の仕事はたくさんあるのです。でも実際のところは、チャドさんは朝が弱く、いつも寝坊していたため、朝起きると師匠がチャドさんの分の朝ご飯もつくってくれていました。それに、師匠の車は外車で左ハンドルですが、チャドさんの母国は日本と同じでハンドルが右側です。運転するのが怖かったチャドさんは、免許を持っていることを、ずっとだまっていました。そのため、師匠がいつもチャドさんを乗せて運転していました。それでも、師匠はチャドさんのことを一度もおこったことがないほど、優しい人なのです。師匠の言葉で忘れられないのは、「おもろかったらええねん」。悩んだときには、必ずこの言葉が浮かんでくるのです。

「ウケる」と「面白い」はちがう

大阪で4年間過ごしたチャドさんは、新しい活躍の場を求めて東京に向かいます。ところが仕事もなく、最初はとても苦労しました。収入が225円しかなかった月もありました。文化活動が目的ということで日本への滞在が許可されていたために、ほかのアルバイトもできず、師匠や先輩芸人にご飯をおごってもらったり、家に泊めてもらったりしながら、何とか生活をする毎日。久しぶりに連絡したオーストラリアの友人からは、「お前は何をしているんだ」とあきれられたこともありました。その友人は仕事で成功して、プールつきの一軒家に住んでいたのです。それでもチャドさんは、お笑い芸人になる、という自分の信念を曲げませんでした。

仲間じまん

師匠・ぼんちおさむさんと。「おもろかったらええねん」という、チャドさんにとって忘れられない一言をかけてくれました。

＊2 ぼんちおさむ（1952〜）… お笑い芸人・俳優。里見まさとと「ザ・ぼんち」という漫才コンビを組み、大人気となった。「おさむちゃんで〜す」というギャグも大流行。

＊3 ジパング上陸作戦 … 現在は、コンビ名をチャドさんの名前と同じ「チャド・マレーン」に改名している。

「ウケる」と「面白い」はちがう、というのがチャドさんの考えです。例えば「外国人」という特徴を生かして、むずかしい日本語を使ったネタにすると大抵ウケますし、仕事も増えていきます。けれど、それではチャドさん以外の、ほかの外国人タレントがやっても同じです。チャドさんは「ウケる」だけでなく、本当に「面白い」ことがしたいのです。

「お笑いが仕事なので、もちろんたくさんの人に笑ってもらいたい。でもホンマは、自分が面白いと思うことだけをしていきたい。そのバランスでときどき悩みますね」

お笑いのむずかしさと向き合う日々が続いています。

「お笑い芸人」としてがんばりたい

チャドさんはお笑いだけでなく、翻訳の仕事でも活躍しています。2005年、先輩芸人が構成・出演する映画が海外の映画祭に出品されることになり、英語の字幕のチェックをお願いされたのがきっかけでした。はじめにつけられていた字幕を見ると、とても海外でウケそうに思えません。「任せといてください！」とチャドさんが一から直した字幕は、海外で大ウケだったのです。それから、日本の映画に字幕をつける仕事も、たくさん頼まれるようになったのです。ほかにも、先輩芸人の海外公演の手伝いをするなど、チャドさんは日本のお笑いと世界をつなぐ、かけ橋となっています。

あるとき、チャドさんの活躍を聞きつけて、所属する吉本興業の社長から「ほかにもお願いした

> **仕事の心意気**
> 先輩に、「お笑い芸人はコンプレックスがないとダメ」といわれたことがあります。芸人はコンプレックスを乗りこえるためにお笑いをするものだ、って。けれど、ぼくは勉強もできたし、コンプレックスはない。単純にお笑いが一番好きだし、面白い仕事だと思うから、お笑い芸人を選んだのです。

発見！ニッポン 漫才って何？

漫才とは、芸人2人が面白いことをいい合ってお客さんを笑わせる演芸です。大正時代のはじめに大阪で生まれ、全国に広まりました。そのため、大阪は漫才のメッカといわれ、関西の漫才は特に「上方漫才」と呼ばれています。かつては芸人が、お正月に家々を回って、玄関先でお祝いの言葉と踊りを見せることを「万歳」といいました。「漫才」はそこから名づけられたのです。

漫才のもととなったと考えられている「万歳」のひとつ、「尾張万歳」。国の重要無形民俗文化財に指定されています。

漫才のやり方

「何いうてんねん！」
「お笑い好きな子、この指とマレーン！」

ツッコミ　ボケ

漫才は主に2人で行い、1人が「ボケ」、1人が「ツッコミ」を担当します。ボケの人は間の抜けたことをいって笑わせ、ツッコミの人はテンポよく話を進めます。

い仕事がたくさんあるから、芸人を辞めて社員にならないか？」とさそわれました。お給料はずっと高くなりますが、チャドさんはていねいに断りました。

「ぼくが翻訳をしたといっても、その映画は監督のもの。海外公演も、主役は舞台に立つ芸人さんです。そうした映画やほかの芸人さんがウケているのを見ると、うれしい一方で悔しくもあるんです。ぼくもやっぱり、自分が主役としてがんばっていきたいですから」

今後も翻訳の仕事はするけれど、チャドさんの一番の仕事はやはり、お笑い芸人なのです。

お笑い芸人の高みを目指して

日本に来てから10年以上が経ち、チャドさんはお笑い芸人として認められるようになりました。人気テレビ番組に出ることもしばしばで、仕事にも困っていませんが、まだまだ満足はしていません。この先、絶対に実現したい目標があるからです。

アイテムチェック

メモ帳には、普段の生活で考えついたことが思うままに書かれています。パソコンを使い、そのメモを整理して漫才の台本を書いたり、映画の字幕をつくったりします。ちなみにパソコンのデスクトップは、プールに飛び込む瞬間の、チャドさんのお母さんの写真です。

まず、日本のお笑いをもっと世界に広めていくこと。「悔しいことに、海外では日本人は面白いと思われていません。なので、2020年の東京オリンピックまでにアメリカのテレビ局で、面白い芸人を集めた『吉本オリンピック』をやりたいです

発見！ニッポン 世界のお笑い文化

お笑いが人気なのは日本だけではありません。しかし、世界の国々のお笑い文化は、日本のものとは少し異なります。

アメリカでは「スタンダップ・コメディ」がお笑いの芸として知られています。1人でステージに立ち、政治などをテーマに観客に向けてしゃべり続け、ときには観客をからかいます。

フランスでは「バーレスク」と呼ばれる、コメディアンが演じる寸劇が知られています。セリフよりもおかしな服装やしぐさ、状況設定で観客を楽しませるのが特徴です。

中国のお笑いでは、日本の漫才と同じようにボケとツッコミの2人組みによる話芸「相声」や、コントと同じような短い寸劇で観客を笑わせます。「相声」では、芸人が中国の伝統衣装を着るのですが、ときにはスーツで話芸を披露します。

チャド・マレーンさん × お笑い

ね、ぼくが司会で。日本のお笑い文化を世界に発信して、日本人のイメージを変えたいです」

そして一番の目標は、大きな漫才のコンクールで優勝すること。M-1グランプリという大きな大会では準決勝まで残りましたが、それでは意味がない。目指すのはあくまで優勝なのだと、チャドさんは思っています。漫才をしていて、調子がいいときは、自分が指揮者になった気持ちになるといいます。「笑ってほしい！」と思ったところで、お客さんが大笑い。それがテレビの画面越しでなく、舞台の上で「空気」として伝わってくるのは、何より気持ちのいいもの。その瞬間を追求するために、チャドさんはこれからもお笑い芸人としてがんばっていくのです。

もっと教えて！チャドさん

Q 一番好きな日本語は何ですか？

A 「三日坊主」とか「天涯孤独」とか、好きな言葉としてはありえないものを挙げたら面白いですよね、お笑い芸人なので(笑)。本当は、師匠の「**おもろかったらええねん**」と「**何とでもなるわ**」です

Q 違う国の人と打ちとけるコツはありますか？

A 基本的に、どこの国の人もそんなに変わらないので、無理にとけ込もうって思わなくてもいいと思います。クラスの全員と気が合うことはないですよね？ それと同じで、自分と気が合う「心の人種」、それが同じ人と出会うことが大事ですよ

「心の人種」……素敵な言葉ね！

Q 子どもたちに伝えたいことはありますか？

A 日本のことを好きになったり、知ろうと思ったりするのはとてもいいことです。けれど、世界中のあちこちにオモロイものがあるので、地球全部が自分の庭だと思って、あちこち行って遊んでください

Q 日本で受けたカルチャーショックはありますか？

A 先輩と後輩の上下関係ですね。オーストラリアには上下関係がないので、最初は「気持ちわるっ！」と思ってました。でも、師匠や先輩の優しさに本当に助けられたので、目上の人を大切にする気持ちが自然と理解できるようになりました

マイケル・レドモンドさん × 囲碁(いご)

日本人にはおなじみのゲーム、囲碁。
ルールはシンプルですが、とっても奥深いのが特徴です。
厳しい修行時代を経て、マイケルさんはプロの世界に入り、
日本でたった一人の現役アメリカ人棋士として
活躍しています。
囲碁の楽しさを多くの人に伝えるため、
そして人々を感動させられる一手を目指し、
マイケルさんは日々、囲碁と向き合っています。

碁盤の上は宇宙のよう。
囲碁には星の数より
たくさんの「手」が
あるんです

profile
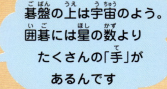
出身国:アメリカ合衆国
生年:1963年
職業:囲碁棋士
紹介:子どものころから囲碁を始め、14歳のときに来日。17歳でプロになり、数々の大会で好成績を残す。NHK教育テレビ(現・NHK Eテレ)の「囲碁講座」で講師を務めるなど、幅広く活躍している。

プロ棋士の強さにおどろき

　毎月1回、カリフォルニア州の自宅で開かれていた囲碁の集まりが、少年時代のマイケルさんには何より楽しみでした。

　当時10歳で、囲碁のことはよくわかりません。しかし、多いときには15人くらいが集まり、お酒や料理を用意して、パーティーのようにワイワイと囲碁を楽しむふんいきが大好きでした。「ルールを覚えれば自分も仲間に加われる！」マイケルさんは、そう思って囲碁を始めました。コーチはお父さん。しかし、その教え方は優しくありません。いつもコテンパンに負けて、何度も挫折しそうになりましたが、諦めずに続けるうちに少しずつ上達。大会でも優勝するほどになりました。しかし当時、アメリカで囲碁をする人はあまり多くありませんでした。いつかは囲碁がさかんな日本に行ってみたい。そう思ったマイケルさんは、13歳の夏休み、父親の友人に連れられて、はじめて日本を訪れます。まっすぐ向かったのは、日本を代表する囲碁の団体「日本棋院」*1。囲碁の腕には自信があったマイケルさんですが、プロの棋士と対戦して、ハンディをもらったのにも関わらず、簡単に負けてしまいます。

　「こんなに強い人がいるなんて！」

　プロを目指すとマイケルさんが決意した瞬間でした。

置物に込められた師匠のメッセージ

　その1年後、14歳になったマイケルさんはふたたび来日します。プロを目指して、日本で生活しながら囲碁の勉強をすることにしたのです。平日は中学校に、土日は日本棋院に通う日々が始まりました。翌年には大枝雄介*2さんに弟子入りして、住み込みで修業を始めます。買い物や掃除などの家事をしながら、過去の対局の記録を見て研究したり、「三面打ち」といって、3人の相手と同時に対局をしたりと、囲碁中心の生活を送りました。1日16時間も囲碁をしていたこともあったほどです。というのも、プロ棋士を目指すのであれば、囲碁は小学校のころから始めるのが当たり前。また、プロになるには年齢制限があり、23歳までに棋士採用試験に合格しなければなりません。14歳からプロを目指し始め、年齢的にハンディがあるマイケルさんは、人一倍の努力が必要だったのです。

　あるとき、大枝さんが「努力」と書かれた置物をくれました。「いつも努力しているのをほめてくれたんだ！」とマイケルさんは喜びましたが、「もっと努力しなさい」という師匠からのメッセージだということにハッと気づき、それからはさらに囲碁に打ち込むようになりました。

家族・仲間じまん

↑ 13歳のころ、ロサンゼルスの囲碁大会で優勝。マイケルさん以外に子どもの参加者はいませんでした。このころから日本語の勉強も始めます。

大人顔負けの強さだったんだね！

大枝さんとロサンゼルスにて。前列右から大枝さん、日本へ連れていってくれたお父さんの友人・ドーレンさん、そしてマイケルさんの兄・ティモシーさん。後列の中央がマイケルさん、両脇はお父さんとお母さんです。

*1 日本棋院 … 1924年設立。プロの対局などのイベントの主催、雑誌の発行、囲碁の指導などを行っている。実際に対局をすることもできる。

*2 大枝雄介(1935〜2010) … 1992年に九段に昇段。マイケルさんをはじめたくさんの弟子を育て、日本棋院の理事も務めた。

楽しくて仕方なかった修行時代

修行生活は厳しいものでした。外出は禁止で、近所の公園に行くにも許可を取らなくてはいけません。言葉づかいや礼儀作法についても、師匠の大枝さんから厳しく注意を受けました。また、甘えが出てはいけない、という理由で、帰国することも許されませんでした。お母さんから何度も手紙が送られてきましたが、大枝さんはマイケルさんに見せずに保管していました。こうした厳しさはマイケルさんを囲碁に集中させるためです。しかし、囲碁が大好きなマイケルさんは、修行生活を辛いと思ったことは、一度もありませんでした。毎日が楽しくて仕方なかったのです。

師匠以外の仲間にも、たくさんのことを教わりました。例えば宮沢吾朗さんというプロ棋士には、「定石*3を打つな」とおこられました。プロを目指すなら新しい打ち方をつくっていかないとダメ、というのです。いいと思っていたやり方を否定され、マイケルさんは一から、新しい打ち方を追い求めていきました。一緒にプロを目指す仲間だった下地玄昭さんは、今ではよきライバルです。当時は守りを重視していたマイケルさんは、攻め重視で自分とは正反対の下地さんの打ち方に、多くの影響を受けました。たくさんの人に支えられたマイケルさんは、17歳のとき、二度目の挑戦でとうとう、プロ棋士の試験に合格したのです。

星の数よりたくさんの「手」がある

囲碁の対局中、マイケルさんはおどろくほど集中しています。普段は優しいですが、集中するあ

発見！ニッポン 囲碁って何？

囲碁は約4000年前に中国で誕生し、5世紀ごろ、日本に伝わってきたといわれています。ルールはとてもシンプル。対局をする2人が、黒と白の碁石を交互に碁盤の上に打ち、最終的に自分の石で囲った陣地の広いほうが勝ちです。

段級位や昇段の条件はプロとアマチュアで異なります。プロの場合、段位は初段から九段（日本棋院の場合）で、プロ試験に合格すると初段となり、その後は対局で一定の成績を残したり、賞金ランキングで上位になったりして昇段するのです。

こうやって人さし指と中指で碁石をはさんで持つんだって！

対局で使用される碁盤と碁石。

囲碁のやり方

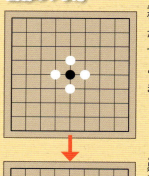

相手が黒、自分が白だったとき、このように白い石で囲んだ黒い石は「取る」といい、自分のものになります。

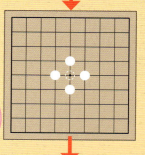

黒い石を取った後がこの状態。このように、一方の色の石で囲まれた部分や、連なって線となった部分が、それぞれの陣地となるのです。

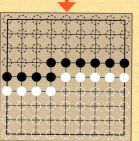

陣地は、線と線の交点（「目」といいます）の数の合計です。この場合、黒は30目、白は32目で、白の勝ちです。

*3 定石…囲碁などで、こういう場面ではこう打つのがもっともいいとされる、決まった打ち方のパターン。

まり怖い顔になっている、とよくいわれるほどです。その気になれば百手ほど先までだって読めますが、実際に読むのは数手先まで。すると、次にどこに打つか、3、4つの選択肢が見えてきます。そこで最良の手を選べるのが、強いプロ棋士なのです。

「碁盤の上は宇宙にたとえられます。それは、星の数よりたくさんの『手』があるからです。見えないこと、わからないことだらけですが、その中で自分なりに結論を出し、次の一手を打つのです」

囲碁の公式戦は朝10時から始まり、大体午後6時まで行われます。その間、ずっと碁盤を見つめながら頭を使っているので、終わった後はとても疲れるそうです。特に負けたときは、どうして負けたのかをふりかえり、納得するまで頭が休まらないのです。

たくさんのライバルにもまれながら、マイケルさんの活躍は続きます。多くの大会で優勝や準優勝などの結果を残し、段位を上げていきました。37歳のときには最高位である九段になります。そして45歳11か月で通算500勝を達成。

↑2003年、七大タイトル戦のひとつ、碁聖戦で趙治勲さんと対局したとき。ベスト4入りしたこともあり、マイケルさんにとって忘れられない対局のひとつです。

碁の強さはもちろんだけど、対局中に追いつめられた趙さんが、自分の頭をたたき始めたことが衝撃的だったんだって！

＊4 棋譜…囲碁や将棋の対局記録。

アイテムチェック

マイケルさんは棋譜＊4を持ち歩き、常にいい手はないかを考えています。また、マイケルさんは作家・宮城谷昌光さんの大ファンで、対談したこともあるほど。文庫本をいつもカバンに入れています。

九段にのぼりつめたのも、500勝を達成したのも、欧米人の棋士ではマイケルさんがはじめてという快挙なのです。

たくさんの人にプロを目指してほしい

1994年、マイケルさんのお母さんはアメリカで、「レドモンド杯」という子ども向けの囲碁の大会を立ち上げました。最初はプロ棋士になることを反対していたお母さんも、マイケルさんが活躍する姿を見ているうちに、応援するようになりました。そして、もっとたくさんのアメリカの子どもたちにプロ棋士を目指して欲しい、という思いで大会を始めたのです。多くの人が参加できるように、大会はインターネット上で開催され、年に一度の決勝戦のみ、実際に対局が行われます。レドモンド杯は、今ではすっかり有名な大会になりました。アメリカ囲碁協会も、大会中に子どもを対象にした教室を行うなど、囲碁の普及に協力しています。「この大会を通じてプロの棋士が出てくれるとうれしいです」とマイケルさんも応援しています。

もともと囲碁のプロ組織は、日本、中国、韓国、台湾にしかありませんでした。最近になっ

て、欧米にもプロの制度ができましたが、プロはまだ、2〜3人くらいしか誕生していません。マイケルさんは、数少ないアメリカ代表のプロ棋士として、期待と責任を負いながら、囲碁に日々、向き合っているのです。

全ての棋士があこがれる三大タイトル

囲碁の楽しさは、対局を通じて相手とコミュニケーションができること、というのがマイケルさんの考えです。一つひとつの「手」、その全てに意味や目的があります。棋士はそれを読みながら、「こうしたいのか、そうはさせないぞ」「そう攻めてくるなら、こっちはこうしよう」と、言葉のない会話をつむいでいくのです。そのため、対局を通じて友達のような気分になれるのです。囲碁の別の呼び方である「手談」という言葉は、「手だけで会話をする」という意味があるほどです。

仕事の心意気
囲碁のプロとして求められているのは、対局で全ての力を出すことです。そのために、ふだんから一生懸命勉強をしています。人は全力でがんばるからこそ成長します。いい加減にしていると、成長はそこで止まってしまいます。他人のためにも自分のためにも、常に一生懸命でなければならないのです。

⬆ レドモンド杯に参加した子どもたちに囲碁の指導をするマイケルさん。

⬆ レドモンド杯の準優勝者・サミーさんといっしょに。

マイケルさんの活動は、世界中に囲碁を広めるのに大きく貢献しているんだね！

発見！ニッポン 世界に広まる囲碁

囲碁を打つ人の数は、世界に3600万人もいるといわれています。インターネットの普及により気軽に囲碁をできるようになったことが大きな理由で、これまで囲碁を打つ人がいなかった国でも親しまれるようになりました。もっとも多いのは中国で2000万人、2番目は韓国の900万人。3番目は日本の500万人です。国際的なゲームとして、囲碁は世界中に広がりつつあるのです。

世界中でこんなにたくさんの人が囲碁を打っているんだね！

世界の推定囲碁人口ベスト5

順位	国・地域	囲碁人口	人口
1	中国	2000万人	12億5000万人
2	韓国	900万人	4600万人
3	日本	500万人	1億2600万人
4	台湾	60万人	2200万人
5	アメリカ	20万人	2億6800万人

（日本棋院ホームページより）

マイケル・レドモンドさん × 囲碁

そしてもちろん、勝負としての楽しさもあります。囲碁には七つのタイトル戦があります。中でも「棋聖」「名人」「本因坊」は三大タイトルと呼ばれ、全ての棋士のあこがれです。マイケルさんにとっても、もちろんそうです。数々の大会ですばらしい成績を残しているマイケルさんですが、まだタイトルを獲得したことはありません。

「目標を達成するために、いつもにチャレンジ精神を忘れず、対戦相手にも自分にも向かっていく。それは修業時代も今も、そしてこれからも変わらないですね。囲碁の棋譜はずっと残るものです。江戸時代の棋譜を見て『すごい！』と思うことがありますが、同じように、未来の人がぼくの『手』を見て、『これはすごい！』と感動してもらえるような囲碁を打っていきたいです」

マイケルさんは囲碁への熱い思いを明かしてくれました。

もっと教えて！マイケルさん

Q 子どもたちに伝えたいことはありますか？

A 一生をかけて、本気で打ち込めることは何か。早いうちにそれを見つけることが理想です。ぼくが自分を幸せだと思うのは、早い段階で囲碁に出会えたからです。やりたいことを見つけた後に、大変な思いをするかもしれませんが、ぜひ自分を信じて続けてほしいです

Q 日本の好きなところを教えてください

A 日本はとても治安がよく、夜に外を歩いても大丈夫です。日本人はそれが当たり前だと思っていますが、欧米人の多くはおどろいていると思いますよ

Q 日本人の嫌いなところを教えてください

A 最初、日本人は外国人に対して壁をつくっている気がしました。でも、今はそう感じなくなりました。いいところの方が多いです

Q 一番好きな日本語は何ですか？

A 言葉ではないですが、「信じる」の「信」という漢字です。「信」という字は、「人」に「言葉」と書きます。つまり、人の言葉は信用できるものでなくていけません。この字の意味を知ったときは感動しましたね

「信」の部首、「にんべん」は「人」を意味するよね！

ロマン・エデルマンさん × 競技かるた

子どもからお年寄りまで幅広い年代に親しまれている、日本の伝統的な遊具、かるた。しかし、競技かるたとなると少しちがいます。歌が読まれた瞬間、激しく札を取り合う様子は、まさにスポーツ。
マンガがきっかけで競技かるたの世界に飛び込み、毎日のように腕をみがきながら、母国・フランスにも競技かるたを広めようとしている青年がいます。

> 外国人だからといって言い訳をしたくない。みんな同じ条件で勝負しているんです

profile

出身国：フランス
生年：1989年
職業：会社員
紹介：小さいころから日本のアニメやゲームなどに囲まれて育ち、日本文化に興味をもつ。留学生として日本にやって来たとき、競技かるたと出会い、神戸大学かるた会に所属。現在三段で、同時にフランスかるた会の会長でもある。

マンガの影響でかるたを始める

フランス生まれのロマンさんですが、子どものころから日本への関心がありました。フランスで、日本の文化が少しずつ広まっていったこともあり、日本のアニメを観たり、日本のゲームをプレイしたりするほか、合気道や空手も習っていました。さらに、侍やお寺など、伝統文化にも興味がわくように。高校生になると、バスや電車に乗っているときや学校の休み時間に、日本語の教科書を夢中になって読んでいたほどです。

かるたと出会ったのは2012年1月。フランスを離れ、神戸大学に留学していたときのことでした。昔から大好きだったバスケットボールのサークルに入り、日々汗を流していたのですが、足首をケガしたため、激しい運動ができなくなってしまったのです。バスケットボールができないさびしさをまぎらわすため、何か新しいことを始めようとしていたとき、競技かるたを題材にしたマンガ、『ちはやふる』を友人から勧められたのです。読み終わったあと、ロマンさんはすぐに「神戸大学かるた会」に入会しました。当時、かるたをしているヨーロッパ人はほかにおらず、ロマンさんがはじめての選手でした。誰もやったことがないのなら、自分が最初にチャレンジしたい。そして、外国人でも強くなれることを証明したい。そんな思いでかるたを始めたのです。

はじめて出場した大会で4位に

それからは、かるた漬けの毎日が始まりました。授業が終わると練習場に行き、ひたすら練習、試合をします。会うのはかるた仲間ばかりで、家に帰っても練習に明け暮れました。もっとも面白いと感じたのは、札の覚え方だった、とロマンさんはいいます。サークルの仲間が教えてくれたのは、文字を形で覚える方法です。例えば、「白露に　風の吹きしく　秋の野は　つらぬきとめぬ　玉ぞ散りける」という歌があります。この場合、上の句は「白露に　風の吹きしく　秋の野は」、下の句は「つらぬきとめぬ　玉ぞ散りける」です。上の句をひらがなにすると「しら」ですが、これは下の句の「つら」と文字の形が似ている。つまり、「しら……」と読まれたら、「つら」から始まる札を取る、という覚え方です。

ロマンさんの努力が実り、かるたを始めてから1か月ほどで、かるた会の仲間に勝てるようになりました。先輩の勧めで大会に出ると、50人ほどが参加した中でなんと4位に。手ごたえを感じたロマンさんは、ますますかるたに夢中になっていきます。

仲間じまん

↑13歳のころ。空手や合気道などを習い、日本文化への関心をさらに深めていきました。お気に入りのおもちゃの日本刀でポーズ。

神戸大学かるた会のメンバーと。かるた会は1998年に発足しました。

ギリギリの勝負を制する楽しさ

かるたで大事なのは集中力。最初に並べられた札の位置をできるだけ早く覚えて、試合が始まったら耳を澄ませ、決まり字*¹が読まれた瞬間に反応できなければ、勝てません。100枚もの札がある中で、ロマンさんが一番得意なのは、大江千里の「月見れば ちぢにものこそ 悲しけれ わが身一つの 秋にはあらねど」という歌です。「この歌が読まれたら、絶対にほかの人には取らせません」といい切ります。その理由は、歌が「つ」から始まることが関係しています。日本人にとって「つ」は1文字ですが、フランス人のロマンさんには「つ」という音、つまり「tsu」の「ts」という子音*²が、日本人より素早く聞き取れます。そのため、「t」が聞こえた時点で反応できるのです。このように子音でわかるような得意な札が10枚ほどあると、ロマンさんはいいます。

↑ 第59回新春全国競技かるた大会(2014年)では、B級の中で3位に輝きました。

↑ 試合の様子。激しい戦いの中で、札が弾かれ、飛んでいくことも。

スピーディーな札の取り合いね！

発見！ニッポン 競技かるたって何？

競技かるたとは、ふだん私たちが楽しむ百人一首かるたとは少しちがったルールで行われます。まず裏向きにした100枚の札をかき混ぜます。それぞれ25枚ずつ取り、三段に分けて並べたものを、与えられた15分間で記憶します（残りの50枚は使いません）。自分の前の札を「自陣」、相手側を「敵陣（相手陣）」とよびます。競技者は読み手が読む上の句を聞いて、下の句の札を取ります。自陣の札を取ったときは1枚札が減ります。敵陣の札を取ったときは自陣から札を1枚送ります。自分がお手つき*³をした場合には、敵陣から自陣へ、1枚札が送られるのです（2枚のときもあります）。こうして自陣内の札が0枚になったほうが勝ちです。競技かるたは明治時代の終わりに生まれ、競技人口は現在、約100万人です。

敵陣、自陣に分かれて札を取るよ！

わたしは歌を読む係よ

自陣の札が0になったらぼくの勝ち！

*¹ **決まり字** … 競技かるたで、ここまで読まれればその札だと確定できる部分。
*² **子音** … 日本語の音声は「あ(a)い(i)う(u)え(e)お(o)」の五つの母音と、それ以外の子音から構成されている。例えば「か(ka)」は、かなでは1文字だが、音声では「k」（子音）と「a」（母音）からなる。

ロマン・エデルマンさん × 競技かるた

「かるたは音が重要な競技です。百人一首の意味を理解しているかどうかは関係ありませんし、外国人だからといって言い訳をしたくありません。みんな同じ条件で勝負しているんです」

かるたをしていて気持ちいいのは、ギリギリの勝負を制したとき。相手も札を取ろうと反応しているけれど、それよりも速く札が取れると、何よりも楽しいのです。

仕事の心意気
フランスかるた会会長、外国人初の三段、すごいと思う方がいるかもしれませんが、ぼくとしては別にじまんできることだとは思っていません。ただ、この3年間でケガをし、何度悩んでもかるたを諦めなかったことは、ぼくのかるた歴において一番の誇りです。

かるたを通して誰とでも友達に

かるたの大会は日本全国で行われています。週末になると、ロマンさんはかるた会の仲間と、積極的に大会に参加するようになりました。今週は富山県、来週は岩手県、その次は香川県……といった具合に、全国に遠征するのがかるたの魅力のひとつだとロマンさんはいいます。大会を通じて、日本全国にたくさんの友達ができるからです。しかも、かるたはほかのスポーツやゲーム以上に、老若男女がいっしょに楽しめる競技です。大会でも、1回戦は小学生、2回戦は高校生、3回戦はお年寄りと対戦、ということもめずらしくありません。幅広い年代の仲間ができるのです。

もちろん大会以外でも、かるた仲間と知り合えるチャンスはたくさんあります。

「この前、宮城と福岡に行ったとき、地元の大学のかるた会に連絡して、練習に参加させてもらったんです。そうやって仲よくなれるのは、かるた以外にはなかなかありませんよね」

かるたを通じて数えきれないくらいの友達ができました。今では日本中どこに行っても友達がいるといいます。練習のしすぎでケガをして、やめ

発見！ニッポン かるたの種類

かるたにはさまざまな種類があります。競技かるたで使用されるのは、学校でも習う百人一首の書かれた「小倉百人一首かるた」です。「いろはかるた」は「犬も歩けば棒にあたる」などのことわざを用いたもので、幕末に関西で生まれ、その後江戸にも広まりました。百人一首よりも簡単な内容のため、小さな子どもたちにも親しまれています。花札もかるたの一種で、安土・桃山時代の「天正かるた」、江戸時代はじめの「ウンスンカルタ」から現在の花札ができたといわれています。そのほかに、「上毛かるた」（群馬県）など、日本各地にその土地の文化や人、名産を読んだ郷土かるたがあります。

郷土かるたでは、遊びながら偉人や名所を覚えられるってことだね！

小倉百人一首かるた

いろはかるた

花札

上毛かるた

＊3 お手つき … 競技かるたでは、読まれた札がない陣地の札にふれるとお手つきとなる。また、読み手は使用しない50枚の札も読むが、その場合にはどちらの陣地の札にふれてもお手つきとなる。読まれた札がある陣地の札は、どれをさわってもお手つきとはならない。

たほうがいいのかなと悩んだこともありましたが、それでも続けているのは、かるたを通じて出会った大事な仲間たちがいるからなのです。

フランスでも広まるかるた

ロマンさんはかるたを、母国・フランスに広める活動もしています。2012年9月には、フランスでかるた会を立ち上げました。インターネットを使ってかるたに興味がある人を集め、ロマンさんの自宅で毎週練習をするうちに、市も協力して練習場所を貸してくれるようになりました。今ではフランスに5か所、かるた会の拠点があります。始めたばかりのころ、メンバーは3～4人でしたが、現在は30～40人に増えました。有段者も2人生まれています。

また、知り合いの中学校の先生に「フランスの詩を生徒に楽しく教えたい」と頼まれて、オリジナルのフランス語のかるたもつくりました。百人

↑ ロマンさんがつくったフランスのかるた。札には詩と、その詩をつくった詩人の肖像がプリントされています。

↑ ロマンさんが設立したフランスかるた会。ロマンさんが日本に移住した今でも、活発な活動が続けられています。

アイテムチェック

ロマンさんはいつも、手荷物を風呂敷に入れて持ち歩いています。中にはお気に入りの扇子も。この風呂敷はかるた会の先輩からプレゼントされました。

一首ではなく、フランスの詩を用いたかるたは大好評。ほかの学校でも使われる予定です。

ロマンさんは、こうしたフランスでの活動に、二つの目標を定めています。

「一つは、かるたの国際大会が開かれるときに、優勝することです。必ずできると思います」。ロマンさんは自信たっぷり。もう一つの目標は、「かるたの甲子園」と呼ばれている、「全国高等学校小倉百人一首かるた選手権大会」に、フランスの高校生を出場させること。外国人で出場したチームはまだないため、教え子を育てて、いい成績を残してもらいたいと願っています。

離れていても心は神戸に

大学を卒業した後、ロマンさんは東京で、会社員として働いています。いそがしく、かるたに費やせる時間は減ってしまいましたが、疲れていても家での練習は欠かしていません。ロマンさんには日本でも、達成したい二つの大きな目標があるからです。

一つ目は、「国民文化祭」という有名な大会に、兵庫県の代表として出場すること。就職のため神戸から離れたロマンさんですが、所属するのは今

でも「神戸大学かるた会」。自分の原点である県の代表として出場したいのです。

二つ目は仲間たちと、「全国競技かるた各会対抗団体戦」に出場すること。この大会はとてもレベルが高いもので、出場するためには、ほかの大会でいい成績を残さないといけませんが、神戸大学かるた会は、まだ出場条件を満たしていません。ロマンさんには、もっともっと強くなって、いつかチームを引っ張っていけるような存在になりたいという思いがあるのです。かるたのルールでは、個人戦でのかけ声は禁止ですが、団体戦ではOK。これまでも大会で、ロマンさんは仲間たちと声をかけ合い、励まし合ってきました。ときにはマンガの決めゼリフを引用することも。いつかまた仲間とチームを組み、試合に出場する日が来たら、ロマンさんは仲間たちにお気に入りの決めゼリフで、こう声をかけようと楽しみにしています。「あきらめたらそこで試合終了ですよ」

もっと教えて！ロマンさん

Q: 一番好きな日本語は何ですか？
A:「七転び八起き」「なせばなる、なさねばならぬ何ごとも」ということわざが好きです。あとは、相田みつをさんの「やれなかった、やらなかった、どっちかな」という言葉も好きですね

Q: 子どものころ、何になりたかったですか？
A: 記事やマンガのストーリーなど、文章を書く仕事に就きたいと思っていました。今でもその夢はもっていますよ。あと、声優もしてみたいです。かるたのアニメで声優をできることになったら、すごくうれしいです

Q: 子どもたちに伝えたいことはありますか？
A: 高校生のころ、バスケットボールが好きでたくさん練習をしていました。しかし、監督と意見が合わず、辞めてしまいました。今ふりかえると自分が逃げたとしか思えず、とても後悔しています。だから、かるたでだけは、同じ過ちをしないと決めました。ぼくが競技かるたを続けることも、誰もが無理だと思っていました。でも、ずっと続けてきましたし、フランスでもかるた会をつくって、今では30〜40人が参加しています。自分が無理だと思わない限り、できないことはありません。まず、やってみることが大事ですよ

Q: 趣味を教えてください
A: スポーツや囲碁、あとはアニメを見ることですね。気になるものにはまず挑戦する主義なので、かなりの多趣味です。アイドルも好きで、乃木坂46を応援しています

ロマンさん、日本のアイドルも好きなのね！

現在、看護師を目指し、勉強に励んでいるセーニャ・ラブロウさん。いそがしい毎日の一方、京都府に任命された「名誉友好大使」として、京都とドイツの文化交流を進める、さまざまな活動に取り組んでいます。一体どんな内容なのでしょうか？

profile
出身国：ドイツ
生年：1987年
職業：大学生、京都府名誉友好大使
紹介：高校で日本語を学び、2006年に来日。京都市にある和菓子店での2年間の職人修行の後、2012年に明治国際医療大学に入学。2013年春には京都府名誉友好大使に就任。看護師の勉強と両立しながら、京都とドイツ双方の魅力を発信し続けている。

> わたしの夢は、大好きな京都で、確かな技術と知識をもった看護師になること。京都府民の国際交流も応援していきたいです

セーニャ・ラブロウさん × 日独文化交流

セーニャ・ラブロウさん × 日独文化交流

日本に恋こがれた学生時代

セーニャさんが生まれ育ったのは、ドイツ西部にあるデュッセルドルフ。この地は、ドイツ経済の中心地として、日本をはじめ、さまざまな国の企業が進出している国際都市です。日本人の数は特に多く、約8000人が暮らしているといわれています。そのため、「小さなころから、日本の文化にふれる機会がたくさんありました」とセーニャさん。はじめて和菓子を食べたのは、6歳のときだったそうです。

こうした縁から日本文化に興味をもち、高校での3年間、授業で日本語を学んだセーニャさん。川端康成*1の小説なども好きになり、日本へのあこがれがふくらんでいきました。チャンスが訪れたのは、高校3年生の夏休みでした。大阪でホームステイをすることになり、来日を果たしました。

はじめての日本は、新鮮なものばかり。特に、奈良や京都で見た古い町並みが忘れられませんでした。帰国後は、「もっと日本について知りたい！」という思いが強くなり、高校卒業後、19歳でふたたび来日しました。

「友人の多くはドイツで大学に進学しました。でもわたしは、目的をもたずに進学するよりも、心ひかれる日本で生活しながら、夢を見つけたいと思ったのです」

和菓子職人から、看護師の道へ

再来日から2年後、セーニャさんは、京都の老舗*2和菓子店「幸楽屋」で、和菓子づくりの修行を始めました。幼いころから料理や菓子づくりが好きだったため、大阪の製菓専門学校で基本を学んだ後に、弟子入りを志願しました。

「和菓子を選んだのは、冬は雪、春は桜、夏は水面など、季節の移ろいが目や舌で味わえるから。繊細で美しい形が、職人の指先から生まれるところにもひかれました」

2年の月日がたったころ、セーニャさんの気持ちに変化が訪れます。和菓子を通じて日本の食文化を学ぶうちに、健康や栄養について関心が高まっていったのです。そして、「わたしは看護の道を極めよう」と決意。店を退職し、猛勉強の末、24歳で京都府南丹市にある明治国際医療大学に入学しました。

人体や病気のしくみなど、医学の勉強はとても大変です。しかも「日本語」という外国語で学ぶのだから、なおさらです。しかしセーニャさんは、誰よりも真剣な努力を続け、常に学年トップの成績をおさめ続けています。

「最近、医療現場でも和菓子が注目されていることを知りました」とセーニャさん。季節感があり、ケーキなどの洋菓子よりもヘルシーな和菓

持ち物じまん

見ていて楽しくなるノートだね！

和菓子職人の修行中に書きとめたノート。和菓子のつくり方や歴史を、イラストといっしょに記しています。

↑ 和菓子を修行した「幸楽屋」の先代ご主人、桂田孝一さんといっしょに。二条城（京都府）の茶会での1枚。

*1 川端康成(1899〜1972)…日本ではじめてノーベル文学賞を受賞した小説家。
*2 老舗…先祖代々続く商売をしていて、客の信用も厚いお店や会社。

子。これを、長い入院生活を送っている方に楽しんでもらうための試みが、始まっているそうです。

京都府の友好大使に選ばれて

ある日、大学から連絡を受けたセーニャさん。内容は、「あなたを『京都府名誉友好大使』に推せんしたい」というものでした。これは、京都府の住民と世界の人々がおたがいの理解を深めるために、留学生がその「かけ橋」としてお手伝いをするものです。自分の国や故郷の代表として活動をしますから、とても名誉ある役目です。

セーニャさんは、看護学部の勉強でいそがしい日々を送っていましたが、「わたしで役に立てることがあるならば挑戦してみよう」と、引き受けることにしました。2013年6月には、任命式も行われました。

セーニャさんの友好大使としての活動の一つに、府内の小中学校や高校を訪問し、ドイツの文化や自然、歴史について話をすることがあります。例えば、ドイツの国土面積は日本とほとんど同じですが、人口は日本の約6割であること。そうした事情もあって、ドイツには美しい森などの自然がたくさん残っており、環境保護に力を入れていることなど。「日本の城と同じくらい、ドイツの城も有名です。バイエルン州のノイシュヴァンシュタイン城は世界中から観光客が訪れますよ」とセーニャさん。こんな風に、親しみやすい話題から始めて、聞く人の興味や好奇心を引き出すよう心がけています。もちろん、セーニャさんのトレードマークである、明るい笑顔も欠かせません。

きずなが深まる食文化交流

もう一つ、セーニャさんが大切にしている活動は、「ドイツ料理教室」など、参加した人が実際に体験できる催しの企画と運営です。ある日のメニューは「カリフラワーのクリームスープ」と「ほうれん草と長ねぎのキッシュ」でした。さすが、看護師の卵だけあって、栄養バランスもバッチリです。

「キッシュは、わたしが育ったドイツ西部と国境を接する、フランス・アルザス地方の郷土料理。生クリームと卵を混ぜたものと具材をパイ生地に入れて焼いたもので、わたしの大好物です」。料理も話も上手な彼女の教室は、いつも大にぎわいです。

食後には、ドイツで愛されている「ハーブティー」をふるまうことも。薬草であるハーブは、体にいいさまざまな働きがあります。例えば、ペパーミントには殺菌効果があり、風邪の予防に効果的、ローズヒップにはビタミンCが豊富で肌の健康にもいい、という具合です。「ハチミツを入れるとおいしいですね！」「お年寄りにも紹介

↑ 大学での実習風景。現在は「助産師」という、妊婦さんの健康を支えるための資格を取るために、がんばっています。

↑ 2013年に京都府名誉友好大使に就任。その年に任命された15名の大使の代表として、知事から任命状を受け取りました。

セーニャ・ラブロウさん × 日独文化交流

したいです」など、うれしい感想を聞くことも多いそうです。

「食は、国際交流にぴったりなテーマです」とセーニャさん。子どもも大人も楽しめるし、おいしい料理は人々を自然と笑顔にするのです。

自分の体験や失敗も伝えていきたい

料理教室や講演のあとの質問コーナーも、セーニャさんの楽しみの一つです。歴史からアニメまで、ドイツに関する質問もあれば、「どうやって漢字を勉強したのですか？」など、セーニャさん自身について聞かれることも多いといいます。

また、参加者が書いてくれるアンケートや感想文も大切な宝物。活動をふりかえることができて、大きな励みにもなります。感想を通じて、意外なドイツの魅力に気づくこともあるそうです。

さらには、「大学には入ったほうがいいですか？」といった子どもたちの悩み、将来の不安が書かれていることもあります。セーニャさんは、「子どもたちの考えるきっかけになれたことがうれしい。思春期はたくさん悩んで失敗するほうが、

発見！ニッポン 京都府名誉友好大使の仕事

京都府名誉友好大使とは、京都府から任命され、府民と世界の人々が交流し、相互理解をはかるために活動する外国人留学生のことです。

留学生なら誰でもなれるわけではなく、府内の大学に在籍し、熱意をもって活動に取り組める人物が、厳しい審査で選ばれています。

おもな活動は、府内で開かれる国際行事への参加や、各学校での交流活動です。また、料理教室や外国語レッスンなど、大使が主催する「自主企画」も人気です。

現在の就任者数は260名以上。留学後も友好大使として、母国で京都の魅力発信に貢献します。日々、世界のあちこちで、国を越えた小さなきずなやかけ橋が生まれているのです。

京都府以外の地域でも、「親善大使」「観光大使」などさまざまな名称で、外国人が文化交流をお手伝いする制度があるのよ！

料理教室の仲間たちと。小学生から年配の方まで、幅広い年代の人々が楽しく交流しています。

ほうれん草と長ねぎのキッシュ

カリフラワーのスープ

ドイツのじゃんけん

講演では、簡単なドイツ語を紹介。じゃんけんを教えて、いっしょに楽しむことも多いそう。かけ声は「シェーレ、シュタイン、パピアー！」です。

| チョキ | グー | パー |

SCHERE（はさみ）

STEIN（石）

PAPIER（紙）

グンと成長しますから」といいます。

「3年前に大学に入るまで、わたしもいろいろな体験や失敗をしてきました。まわり道をした、という人もいるかもしれません。でもそれらがあったからこそ、今のわたしがあります。日本で経験したことは、いいことも悪いことも、隠さず伝えていきたいですね」。彼女の体験は、日本国内はもちろん、ブログを通じて、ドイツの人々に向けても発信されています。

19歳という若さで日本へ渡ったセーニャさん。夢に向かってひたむきに歩むその姿は、多くの人に、新しい一歩を踏み出す勇気を与えています。

> **仕事の心意気**
> わたしもいろいろな体験や失敗をしてきましたが、それらがあったからこそ、今のわたしがある。日本で経験したことは、いいことも悪いことも、隠さず伝えていきたいですね。

もっと教えて！セーニャさん

Q 日本で受けたカルチャーショックはありますか？

A 会話の途中に、日本人が「うん」や「そうそう」といった、あいづちを打つことです。ドイツでは、相手の話し中はだまって静かに聞くのが礼儀なので、最初はびっくりしました。わたしの話がつまらないからだと思ったのです。今では、「相手を理解していること」を示すしぐさだとわかったので、わたしもあいづちを打っていますよ

話を聞くときはあいづちを打つのが当たり前だと思ってた！

Q 日本の好きなところを教えてください

A みなさん親切なところです。はじめて会った人や、お年寄りや障がいをもった人など、弱い立場にある人にも優しく接している日本人を尊敬しています。わたしも困ったことがあると、みなさんが親切にしてくださるので助かっています

Q 一番好きな日本語は何ですか？

A 「一期一会」です。この言葉の意味は、今日の出会いを「一生に一度しかない」と考えて、相手にまごころをつくすことです。もとは茶道の言葉で、お客さんをもてなすための心構えを表したものだそうですが、和菓子の修行中に教えてもらい、素敵な言葉だと思いました

Q これから挑戦したいことは何ですか？

A まずは夢である、看護師と助産師の国家試験合格に向けて、努力したいと思います。また、わたしの趣味はマラソンです。年に5～6回ほど大会に出場していますが、県外の大会に積極的に参加することで、47都道府県全てを旅したいと思っています

ニッポンに恋した外国人 column

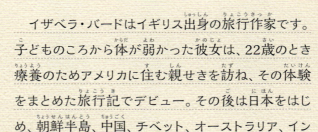

バードは日本人の子ども好きなところに、とってもおどろいたんだって

イザベラ・バードはイギリス出身の旅行作家です。子どものころから体が弱かった彼女は、22歳のとき療養のためアメリカに住む親せきを訪ね、その体験をまとめた旅行記でデビュー。その後は日本をはじめ、朝鮮半島、中国、チベット、オーストラリア、インド、トルコなど、世界中を旅するように。

はじめて日本を訪れたのは1878年。約3か月間かけて日光、会津、新潟、山形などを旅して、その後関西へ。体が弱いバードにとって長旅は楽ではないのですが、それでも彼女は本当の日本を知りたいと旅を続けたのです。バードがもっとも気に入ったのは山形県・米沢の平野(置賜盆地)で、「東洋のアルカディア」と絶賛。アルカディアとはギリシャ語で「楽園」「理想郷」を意味します。つまり、最高のほめ言葉なのです。旅の記録は『日本奥地紀行』(原題『日本における未踏の道』)として出版され、ベストセラーに。日本に住んではいませんが、するどくも優しい観察は、バードの日本への思いに満ちています。

イザベラ・バード
1831〜1904年

← 『日本奥地紀行』。日本のいいところだけでなく、悪いところについても書かれています。(公益財団法人東洋文庫所蔵)

バーナード・リーチは香港生まれのイギリス人陶芸家です。おじいさんが住んでいた京都で少年時代を過ごした後、父の転勤で香港やシンガポールなどを転々とし、ロンドンに戻ります。そして、通っていた美術学校で、詩人で彫刻家の高村光太郎と出会い、その縁で1909年に再び来日します。1911年、茶会で陶器を焼いたことがきっかけで、陶芸家の6代目尾形乾山に入門、日本で陶芸を始めます。1920年にイギリスに帰国し、ヨーロッパ初となる登窯を築きました。リーチは日本の美術を評価していましたが、「日本にはあらゆるものがあるが、日本がない。今、世界でもっとも反日なのは日本人なのだ」という言葉を残しています。日本を愛するがゆえに、西洋文化に傾倒していた当時の日本を見て、こうした批判をせずにはいられなかったのです。

リーチは、第1巻で紹介した、小泉八雲の本が大好きだったんだ！

バーナード・リーチ
1887〜1979年

← リーチが1919年に製作した作品、「楽焼走兎図大皿」。(大原美術館所蔵)

ジェフリー・ムーサスさん × 日本建築

アメリカの大学院で出会った日本建築にひかれ、来日したジェフリーさん。東京で世界トップクラスの「現代建築」を、京都で日本の「伝統建築」を学び、二つの異なる技術と知識を身に付けました。ジェフリーさんは、それらをうまく組み合わせて、これまでにない新しい建物の設計に挑んでいます。

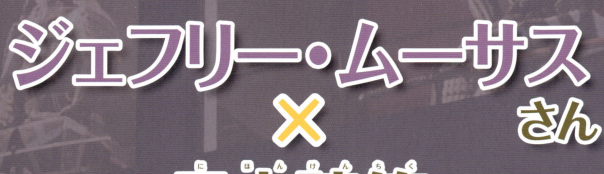

京都の建物には、1000年以上かけて進化してきた職人の知恵がつまっています。そこにロマンを感じるのです

profile

出身国：アメリカ
職業：建築家
紹介：マサチューセッツ工科大学(MIT)の大学院建築学科修士課程を卒業後、1994年に来日。槇総合計画事務所、谷口吉生建築設計研究所に勤務した後、1998年、京都に移住。中村外二工務店で伝統的な建築を学び、2001年に建築設計事務所「Design 1st」を設立。

ジェフリー・ムーサスさん × 日本建築

勇気を出して送った手紙

小さなころから、ダンボールで家を組み立てたり、ミニカーのための道路をつくったりと、一から自分でものをつくることが大好きだったジェフリーさん。「将来は、何かものづくりに関わる仕事がしたい」と考えていましたが、建築家を志したのは、大学入学後、専攻をエンジニアリング（工学）に決めた後のことでした。そのため、コツコツと準備を重ね、ボストンにある大学院に進み、そこで改めて建築を学び始めました。

授業の中でジェフリーさんが出会ったのは、全く異なる二つの「日本建築」でした。一つは、京都の「古い町並み」の美しさ。もう一つは、コンクリートや鉄でつくる日本の「現代建築」のすばらしさでした。ジェフリーさんが建築を学んだ1990年代、日本人が建てたビルや店舗は、デザイン的にも技術的にも、世界の最先端を走っていたのです。

「将来は日本で建築の修行をしたい」と考えたジェフリーさんはある日、「ダメでもともと」と、尊敬する日本の現代建築家2人に自分の作品集と手紙を送りました。すると、なんとそのうちの1人、槇文彦*1さんから返事が届いたのです。そこには、「日本に来る意志が本当にあるのなら、検討したい」と書かれていました。これをきっかけに、ジェフリーさんは、大学院の研修で1992年に初来日し、94年から東京にある槇さんの設計事務所で働き始めました。

築100年の家との運命の出会い

東京では建築家の卵として、4年間働きました。そしてジェフリーさんは京都へ引っ越します。もう一つのあこがれだった日本の伝統建築を学ぶため、数寄屋建築*2で有名な中村外二工務店で働くことになったのです。

同時に、夢のようにうれしいできごともありました。材木店を営む知人の厚意で、築100年の町家に、自分で改装しながら住むことになったのです。11年間空き家となっていた建物は、見るからにいたみがひどく、ボロボロでした。しかし、ジェフリーさんは直感で、土壁や柱の素材のすばらしさ、それらが今ではもう手に入らない貴重なものであることがわかりました。台所に「おくどさん」という、まきで火を起こすかまどが残って

作品じまん

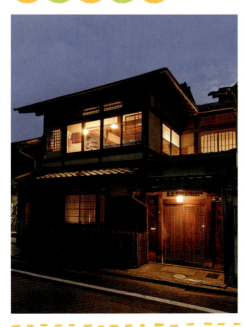

> 趣のある素敵なおうちだね

ジェフリーさんが約3年かけて自力で改装した、築100年の町家（写真左）。格子になっていて風通しのよい板戸をくぐると、すぐに小さな庭。その奥には玄関間があります（写真中央）。寝室には畳でできたユニークなベッド（写真右）も。

*1 槇文彦（1928〜）…現代建築家。ワシントン大学のスタインバーグホールを皮切りに、代官山のヒルサイドテラスなどさまざまな建築物を手がけた。
*2 数寄屋建築…もともとは茶道、生け花、和歌をたしなむ人が好んだ、質素で洗練された茶室づくりの技術。現在では特別に高い技術を要する、日本の伝統的な建築様式。

いることもめずらしいことでした。
　こうして、平日は仕事と自宅の改装のための勉強を重ね、週末には寝ることも食べることも忘れて作業を行うという、大変だけれど充実した日々が始まったのです。

「町家」の魅力と特徴とは？

　ジェフリーさんがひと目惚れし、暮らすことになった古い家は「町家」と呼ばれています。「町家」とは、一体どんな家のことなのでしょう？
　平安京が約1200年前に誕生して以来、京都は囲碁で使う碁盤の目のように、直角に交わる東西南北の通りを中心に発達してきました。通りに建つ家々の外観は格子*3や瓦屋根、庇、虫籠窓*4など、独特のデザインによって構成されています。これが何軒も続くことで、町並みにリズム感が生まれ、京都の町は美しく彩られているのです。
　一番の特徴は、「うなぎの寝床」と呼ばれる奥に細長い形です。間口（家の正面の幅）が約5.4メートルとせまく、一方で奥行きは約20メートルもあるというつくりが一般的です。昔は家で商売をするのがふつうで、玄関側を店に、奥のほうを住居にしていました。
　「家づくりで使用するのは、ワラや木、土などの自然の素材だけ。『坪庭』と呼ばれる小さな中庭も魅力です」とジェフリーさん。隣の家との間隔がない町家は、左右に窓がなく、中心部はうす暗くなり、風通しも悪くなってしまいます。そのためいつしか、奥に庭をつくるようになりました。

発見！ニッポン　基本的な町家の間取り

ジェフリーさんの家を見てみよう！

①夏座敷

町家では、夏と冬とで室内の様子が変わります。写真は夏の座敷。障子の代わりに、葦戸を使うことで、涼しそうな印象になります。

②縁側

庭に面した板敷きの廊下のこと。庭側の戸を開け放つと屋外のテラスのようになり、戸を閉めれば室内の一部にもなる便利な空間です。

③通り庭

玄関から裏庭まで続く土間には、台所があります。レンガや漆喰でつくったかまど（おくどさん）が置かれていました。

④火袋

かまどのある通り庭の上部は、2階の屋根までの吹き抜けになっています。これは「火袋」と呼ばれる構造で、万一の火災時には、火を上に逃がします。

　京都の町家の主な特徴は、1.ワラや木、土など自然の素材でつくられている　2.格子や瓦屋根が生み出す、控えめながら美しい外観　3.「うなぎの寝床」と呼ばれる奥に細長い形　の3点です。ジェフリーさんの家は住宅ですが、お店をやっている場合は、玄関間の部分が店舗になります。こうした形が生まれたのは江戸時代のこと。家の間口の幅によって税金の額が決まるようになったため、人々は間口の幅を狭め、奥へ奥へと家を広げたのです。「坪庭」は小さな空間ですが、植物や灯籠、手水鉢*5の一つひとつに主人の好みが反映され、えもいわれぬ美しさが生み出されます。

---

*3 格子…道に面した窓にある仕切り。町家では深い赤色の「べんがら」という塗料を塗ったものも多い。
*4 虫籠窓…町家の二階部分につくられる横長の小さな窓。
*5 手水鉢…手を洗う水を入れる鉢。飾りとしても置かれる。

ジェフリー・ムーサスさん × 日本建築

二つから三つの庭をもつ、大きな町家もあります。
「坪庭のおかげで、室内にいても四季の変化や雨の音などを楽しむことができます。まるで、自然の中で暮らしているかのようです。これを可能にしたのは、1200年かけて培われた、京都の職人の知恵とチームワーク。私はそこに大きなロマンを感じたのです」

修行と改装に明け暮れた3年間

中村外二工務店での日々は、ジェフリーさんにとって、日本の伝統建築を学ぶと同時に、伝統文化を知るいい機会となりました。例えば、お客さんが来る前には「打ち水」といって、玄関に水をまきます。土ぼこりをしずめて、気持ちよくお客さんを迎えるためです。京都らしいお客さんへのお茶の出し方も学びました。茶碗にお茶を半分ほど注ぐと「後でまた注ぎにくるので、ゆっくりしていってください」、たっぷり注いだら「飲んだら帰りなさい」という意味になるのです。また、中村外二工務店が得意とする「数寄屋建築」を学ぶには、茶の湯、生け花など、日本の伝統的な文化への深い理解が必要でした。そうした感性をみがくため、ジェフリーさんは本格的に茶道の稽古にも励みました。

3年の歳月を費やした、古い町家である自宅の改装もまた、ジェフリーさんにはおどろきと発見に満ちた、貴重な勉強の日々でした。「どうしたら、かつてのふんいきをそのままに、美しくよみがえらせることができるだろう」。時間を見つけては本を読み、休み時間には会社の大工さんたちに、熱心に質問してまわりました。

自宅を「改装しながら、暮らす」、この生活を通して、発見したことは多かったといいます。
「狭い空間に奥行きと広さを感じさせるしかけがあったんです。町家には壁が少なく、建具と呼ばれる障子や襖などの引き戸の面積がずっと多い。壁を減らすことで、風通しをよくして、部屋を広く感じさせる工夫なんです」

「光と影がつくり出す美しさにも感動しました」とジェフリーさん。庭の木漏れ日、縁側の軒先にできる影、ほの暗い床の間に差し込む光……。京都の夏は蒸し風呂のように暑いのですが、光と影

↑ 自宅の屋根の瓦をふき替えているジェフリーさん。昔ながらの方法で、木の皮と土を使って仕上げていきます。

発見！ニッポン 建築家ってどんなお仕事？

「建築家」とは、依頼主の希望や予算に応じて、ビルや住宅、お店などの建物を設計する人のこと。設計とは、外観や間取りなどを考え、図面をつくり上げることです。実際に家を建てるのは、大工さんや左官屋さん（床や壁を仕上げる職人）などですが、建築家は、工事中も現場に行って、「設計図通りに工事が進んでいるか」を確認し、完成を見届ける、建物の「総監督」です。

設計をするときには、こんなに精巧な模型をつくるのか……！

ジェフリーさんがつくった大智院（愛知県）というお寺の模型。

の濃淡は建物に深みを与え、わたしたちの目に涼しげな印象を届けてくれるのです。

「自分が学んだことは、古い建物が残る日本でこそ生かすべき」。ジェフリーさんはアメリカに帰国することなく、京都で2001年に設計事務所を開き、独立しました。

古さと新しさを組み合わせる面白さ

ジェフリーさんは現在、古い町家や蔵などの改修や新しい住宅の設計など、さまざまな仕事にたずさわっています。そんな彼の代表作が、甲冑や日本刀を販売している武道具店「東山堂聖護院店」です。

「100年以上前につくられた町家を活用して、若い人や外国人のお客さんにも楽しんでもらえる店をつくりたい」という依頼を受け、ガラスやコンクリートといった素材を使い、古い建物に現代的なふんいきを取り入れました。目をひくのは、5体の甲冑が飾られたガラス張りのショーウインドウ。通りから見える壁はくりぬかれ、全面がガラス張りです。「大きな看板がほしい」という要望に対して、ジェフリーさんは「建物の外観全体を看板にする」という思い切った発想で提案しました。また、鉄でできた入り口の門も目立ちます。鉄は雨や風、太陽の光にさらされると、サビたりくすんだりして、独特の味わいが生まれます。

「建物の素材のこうした変化は、『わび・さび』として昔から日本で愛されてきたものです。これをヒントにしました」。

2階は、古い丸太の梁＊6を生かした和の空間ですが、壁に赤や紺色の和紙を貼ることで、大胆で躍動感にあふれた印象を与えています。

「もし、いわれた通りのものをつくるだけなら、それは建築ではなく、ただの建物。そこに美しさや考え方が備わり、はじめて『建築』になります。これが設計の楽しさであり、むずかしさでもあり

あたたかみのある建物に大変身！

©クリスティアン・オートン

↑独立後に手がけた、江戸時代の蔵のリフォーム。写真上は、土壁がいたんで崩れかけていたもとの建物。写真下は、外壁も室内も改装し、生まれ変わった様子。蔵の土壁や瓦などには、現代ではめずらしい自然の素材が使われていたので、取り壊すのはもったいない、と、それらを再利用して改修しました。

©クリスティアン・オートン

↑ジェフリーさんの代表作・東山堂聖護院店。30頁の写真もここで撮影されました。

↑吹き抜けになっている「東山堂聖護院店」入口。甲冑を飾った通路は、日本家屋の「縁側」がヒントになっています（写真左）。「東山堂聖護院店」の2階。赤と紺色の和紙を貼ることで、和の空間が、ぐっとモダンなふんいきに変わります（写真右）。

＊6 梁…建物の柱の上に横にわたして屋根や床の重さを支える部材のこと。

ジェフリー・ムーサスさん × 日本建築

ます」とジェフリーさん。さらに、いい発想を生むには「たくさんの経験を積むことが大切」とも。「新しいものを生み出すときには、これまでの体験や失敗が大きな財産になる。これからも、常に好奇心をもち、いろんな経験をしたいですね」

仕事の心意気
もし、いわれた通りのものをつくるだけなら、それは建築ではない。美しさや考え方が備わって、はじめて「建築」になるのです。これが設計の楽しさであり、むずかしさでもあります。

もっと教えて！ジェフリーさん

Q いいアイデアが浮かぶコツはありますか？

A わたしはお風呂に入っているときや、寝る少し前のリラックスしているときに、いいアイデアが浮かぶことが多いですね。いろいろ考えてから、一晩寝て、翌朝起きるのがおすすめです。頭の中がスッキリ整理されて、物事が不思議とスムーズに進みますよ

Q 日本や日本人の嫌いなところを教えてください

A 「ルール」があれば、いいものでも悪いものでも、自分の頭で考えずに従ってしまうところです。アメリカでは、建築や学校の規則など、よくないものがあれば、みんなで相談して変えていきます。日本でも、「何が一番大切か？」という、本質的な議論ができるようになるといいですね

いいもの、よくないもの、自分で考えることが大切ね！

Q これから挑戦したいことは何ですか？

A マンションなど、多くの人が暮らす建物の設計にチャレンジしてみたいです。日本の大きな建物は、制約が多く、住宅と比べて特徴のないものが多いです。住む人が楽しくて、ワクワクするような、今までにない建築をつくりたいですね

Q 子どもたちに伝えたいことはありますか？

A もし建築家を目指すなら、スケッチをしたり、模型をつくったりするなど、「自分の手を動かす」ことを好きになってください。上手か下手かは関係ありません。今は、パソコンがあれば何でもできますが、それだけでは、空想しか生まれません。自分の目や手を使って感じたことを大切にしてください

アマラオさん × サッカー

学校のサッカーグラウンドで中学生や高校生を熱心に指導しているのは、元Jリーグのスタープレーヤーだったアマラオさん。
アマラオさんは、どんな思いをもって生徒たちに接しているのでしょうか？

> 一流のサッカー選手になるためには、動くこと、頭を使うこと、そして強い心をもつこと。そうすれば、夢は必ずかないます

profile

出身国：ブラジル
生年：1966年
職業：サッカーの指導者
紹介：本名はワグネル・ペレイラ・カルドーゾ。JFL（当時）の東京ガス（後のFC東京）のプレーヤーとして1992年来日。42歳で現役引退。現在は暁星国際学園サッカー部ヘッドコーチとして中高生の指導にあたっている。

諦めない気持ちがプロへの道をつくった

アマラオさんは、ブラジルのサンパウロ州の出身で、幼いころからサッカーに親しんでいました。もちろん、夢はプロサッカー選手。10歳のときにブラジルのジュニアチームのテストに合格したのをきっかけに、アマラオさんのサッカー人生が始まります。

専門学校に通いながらアマチュアチームでプレーを続け、学校を卒業してからはいろいろなクラブのテストを受けましたが、全て失敗しました。6人兄弟の長男だったアマラオさんは、昼は家計を助けるために町工場で働き、夜は高校に通いながら、週末にはアマチュアリーグのチームでプレーを続け、プロになる機会を待ち続けました。

「プロテストでは、たった1人の選手の枠に、500人ぐらいが集まります。限られた時間で自分の能力を認めてもらうのは、むずかしいことです。何度も挑戦して、何度も落ちました。でも、決して諦めることはありませんでした。そのときが来るまで自分の技術をみがいていこうと思っていました」

テストに合格しプロになったアマラオさんは、1992年、名門チームに移籍することができました。しかしケガによって、先発出場する機会は多くはありませんでした。そのときに監督からすすめられたのは、日本の東京ガスサッカー部への移籍でした。

日本は「忍者とウルトラマンの国」？

「地球の裏側にある日本は、ぼくにとっては遠い国。知っていることといえば、子どものころテレビで見た忍者とウルトラマンぐらい。でも、サッカーができるなら、経済的に家族を支えられるなら、と日本に行くことを決心しました」

ブラジルの名門チームから移籍したアマラオさんにとって、日本の環境は厳しいものでした。東京ガスサッカー部は選手の数が少なかったため、十分な練習をすることができず、練習場も整っていないため、ケガをすることもありました。下町の宿舎と練習場を往復するだけの毎日。日本の生活に慣れないアマラオさんはホームシックにかかることもありましたが、「サッカーをするために日本に来た」という信念を失うことはありませんでした。

試合後のインタビューで、「日本に来て、どこか観光をなさいましたか」と聞かれたときには、「ぼくの仕事はサッカー。遊びに行ったことはありません」と答えました。そんなアマラオさんのサッカーへのひたむきな姿勢は、多くのサポーターの心に残ったのです。

"KING OF TOKYO" としての活躍

2年目になると、アマラオさんのプレー、サッカーに対する真剣な態度がチームメイトにも伝わったのか、チームに実力がついてきました。そして1998年にJFL*1で優勝。1999年にFC東京と改称したチームは、念願のJリーグ入りを果たします。

そんなとき、アマラオさんに同じJリーグの

えー！アマラオさんの名前ってあだ名なの!?

↑ブラジルのチーム"ITUANO"でプレーしていたとき。サッカーを始めたころ、地元のクラブにいた「アマラオ」という有名な選手と肌の色が似ていたアマラオさん。同じセンターバックのポジションだったため、「アマラオ」とよばれるようになりました。

*1 JFL…Jリーグ発足前の日本のサッカーリーグ。Jリーグと異なり、プロ化されていない。現在も存在し、アマチュアリーグの最高峰である。

チームから、移籍の話がもち上がりました。いったんは移籍を決意したアマラオさんでしたが、それを知ったサポーターからの「アマラオ」コールが試合開始から最後まで止まず、結局、アマラオさんはFC東京に残ることを決めました。

サポーターからアマラオさんに贈られた愛称は"KING OF TOKYO"。技術だけではなく、ひたむきな彼の姿は、王者の名にふさわしいというサポーターの気持ちがこもっているのです。

「いつも、『これでいい』と思ったことはありません。何か一つ乗りこえたら、次の目標をもつ。そして、一つ階段を上るたびに、もっと自分に厳しく、ということをいい聞かせてきました」

2003年、36歳になったアマラオさんは、数々の輝かしい記録を残し、ファンにおしまれながらFC東京を退団しました。

↑ 現役のとき、FC東京でプレーするアマラオさん。

↑ FC東京の本拠地・味の素スタジアムで、FC東京のゲームがあるときには、今でも"KING AMARAL STADIUM"と書かれた大きな横断幕が掲げられます。FC東京を離れて10年以上たった現在でも、アマラオさんはサポーターから愛され続けています。

> **仕事の心意気**
> いつも、「これでいい」と満足したことはありませんでした。一つ乗りこえたら、その次の目標をもち、もっと自分に厳しく、ということをいい聞かせていました。

発見！ニッポン Jリーグって何？

Jリーグとは、日本プロサッカーリーグの通称。1993年、ワールドカップ出場を目指し、サッカーの普及と選手のレベルの向上を目的として誕生しました。

Jリーグの特徴は、地域密着のチームづくりにあります。各チームのサポーターは、地元のチームを特に応援します。チームもこれに応え、地域の小学生を対象にサッカー教室を開いたり、イベントに参加したりしています。

Jリーグの発足によって、サッカーが身近なスポーツとして親しまれるようになり、また悲願のワールドカップ出場を果たすことができました。Jリーグを足がかりに、世界で活躍するサッカー選手も増えています。

開幕セレモニーが盛大に行われ、Jリーグは社会現象にもなりました。

> Jリーグが発足したことで、地元のチームを応援するサポーターが増えたんだね

指導者の道へ

2003年のFC東京退団後も、アマラオさんは選手、そしてJFLや社会人リーグの監督として数々のチームに勝利をもたらしました。しかし2008年の試合を最後に、42歳で選手としては引退します。同じ年、ブラジル移民100周年記念事業の一環で、"KING OF TOKYO O FILME"というドキュメンタリー映画が製作されました。日本サッカーの発展に貢献した、アマラオさんの姿を追ったものです。

一度はブラジルに帰国したアマラオさんですが、彼のサッカー人生はこれでは終わりません。2014年、ふたたび日本にもどり、今度は中学・高校のサッカー部のヘッドコーチという、指導者としての道が始まります。

「大人や小さい子どもを教えたことはあるけれど、中学生や高校生を教えるのははじめての経験で、ちょっと不安でした。でも、サッカーはぼくの一生の仕事。ぼくを愛してくれた日本の方々のためにも、ぜひやってみようと思ったのです」

日本人に足りないのはメンタルの強さ

学校があるのは千葉県木更津市の郊外。まわりには田畑が広がっています。1時間目が午前7時30分から始まり、授業が終わるのは午後2時。午後2時30分から部活が始まります。中学・高校・男女ともに優秀な成績をおさめるサッカーの強豪校であるため、女子をふくめると部員数は約200名。アマラオさんが指導するのは中学校・高校の男子です。平日はほぼ毎日、約2時間指導にあたり、週末にも試合があることが多いので、実にいそがしい日々です。

「ブラジルに比べると、日本の子どもたちは本当に恵まれています。ブラジルでは、サッカーが大好きでも経済的な事情で本格的な練習ができない子が多く、中には靴が買えない子もいます」

アイテムチェック

生徒たちを指導するときには、前もってフォーメーションなどを紙に描き、作戦や練習メニューを練り上げます。しかし、これはあくまでもメモ。指導をするとき、メモは一切見ません。「戦略はすべて頭の中にあります」、とアマラオさん。もちろん、ホイッスル、ストップウォッチも指導の際の必需品です。

アマラオさんが特に大切にしているのは、走ること、そしてパスやドリブルという基本的な技術を体にしみこませること。さらに、当たり負けをしない強い体をつくったり、基本的な戦術もマスターさせたりしなければなりません。しかし何より大事なのは、メンタル(気持ち)の強さだとアマラオさんは語ります。

「ブラジルの子どもたちは、日本人に比べるとメンタルが非常に強い。何のためにサッカーをするのか、というモチベーション(動機)も強い」

裏を返せば、それが日本人の弱点なのです。

「みんなでサッカーというスポーツを楽しみたい。それはそれで、とてもいいことです。でも、Jリーガーになりたい、世界で活躍したいと思うのでしたら、自分の体と気持ちをもっと鍛えなければ無理なのです」

向上心をもち続けることが大切

「技術的にすばらしいものをもっている子も、確かにいます。例えば、フリーキックが得意で、プロに匹敵するような技術と感性をもっている。

だけど、パスは不得意。パス出しだけ時間を決めて、毎日必ず練習するように指導すると、最初の何日間かは実行しますが、結局、自分の得意なフリーキックだけやることにもどってしまう。それほどの才能があるのにもったいないし、これでは、将来プロとしては通用しません」

プロへの道は厳しいのです。

「集中することも不可欠です。自分のチームよりも強いチームとあたって勝ち続けても、リーグ戦が終わってから、明らかに実力が下だと思われるチームに負け続けることもあります。大きな試合が終わったことで集中が途切れて、気持ちの準備をおこたったままゲームに臨むからです。必ず勝つという気持ちを切らさずにプレーをする。そうすれば、技術力もメンタルも向上します。そして、もっと高いところを目標にして、自分に厳しく練習を続けること。プロになることはゴールではありません。そこをスタートラインに、何をしたいのかを考え続けることが必要です」

率直に問題点を語るアマラオさんですが、指導を受けている高校生たちはみな、「アマラオさんは、とっても優しいです」と口をそろえます。

Jリーグ監督就任に向かって

中高生の指導にあたる一方、今、アマラオさんが目指しているのはJリーグのチームの監督です。そのライセンスをとるため、本格的な勉強を始めています。もともと努力家のアマラオさん。FC東京を退団してJFLなどの監督になってからは、

↑ 生徒に熱心に指導をするアマラオさん。練習後には個別の相談にも応じます。

発見！ニッポン　サッカーの国・ブラジル

サッカー（フットボール）は、イギリスで生まれたスポーツですが、今では「サッカー王国」とよばれるブラジルなど中南米をはじめ、世界中で愛されています。そのブラジルにサッカーを伝えたのは、大都市・サンパウロ出身のチャールズ・ミラーという青年でした。1894年、イギリスで学生生活を終えて故郷に帰ったミラーは、ブラジルではサッカーがほとんど知られていないことにおどろき、その普及に努めます。最初は富裕層のスポーツだったサッカーは、貧しい若者たちの間にも広がっていきました。そして20年後には、ブラジルでもっとも人気のあるスポーツになったのです。1930年から、ワールドカップが開催されるようになりましたが、ブラジルはその全てに出場し、ペレ*2、ジーコ*3など数々の名選手を輩出してきました。

ブラジルの子どもたちは、野球のキャッチボールをするように、1対1でボールを取り合う、ストリートサッカーをしています。中には、ボールの代わりに紙を丸めたものを使ったり、裸足だったりいろいろですが、みんなサッカーを楽しんでいます。

> サッカーは楽しいスポーツのひとつであるだけでなく、貧しさから抜け出すための方法でもあるんだ

↑ 街中でストリートサッカーをする子どもたち。

*2 ペレ(1940～)…本名、エドソン・アランテス・ド・ナシメント。ブラジルを代表するサッカー選手。FIFAワールドカップで、代表として三度の優勝を経験しているのはペレだけ。

*3 ジーコ(1953～)…本名、アルトゥール・アントゥーネス・コインブラ。同じくブラジルを代表するサッカー選手。Jリーグの選手としても活躍し、FIFAワールドカップ日本代表チームの監督も務めるなど、日本サッカーの発展に大きく貢献した。

選手たちとのコミュニケーションがうまくいくように、中学生に混じり日本語の読み書きの勉強を始めました。ひらがなやカタカナはマスターし、ブログも日本語で書けるようになりました。監督のライセンスをとるための勉強にも、目標を達成するため、当然のこととして打ち込みます。

中学・高校のサッカー部ヘッドコーチに就任してしばらくは、学校の教員宿舎に1人で暮らしていましたが、現在はブラジルから来日した奥さんとお嬢さんと3人で、充実した毎日を送っています。Jリーグの監督としてのアマラオさんをスタジアムで見る日も、そう遠くはないでしょう。

家族じまん

奥さんのカティアさん、娘のナオミちゃんといっしょに。

もっと教えて！ アマラオさん

Q 一番大事なものは何ですか？

A 生まれたばかりの、ぼくの子どもです。女の子で、とてもかわいいですよ。一生懸命勉強してりっぱな大人になってほしいですね。サッカー選手のお嫁さんになるのは……、どうかなあ。大変だからね

Q 一番好きな日本語は何ですか？

A 「愛しています」です。日本に来たばかりのころ、スタジアムなどで、サポーターの方からいろいろと言葉をかけていただきました。でも日本語がよくわからなかったので、何ていっているのか、どう答えたらいいのかわかりませんでした。そのとき、まわりの人から「愛しています」という言葉を教えてもらいました。相手がどんな人でも、ぼくの気持ちを伝えることができる、大好きな言葉になりました

Q どうすればサッカー選手になれますか？

A サッカー選手に限ったことではありませんが、一番大事なことは諦めないこと。そして、必ずチャンスはやってきますから、そのときのために、いつも準備しておくことだと思います

アマラオさんみたいな人と結婚できたら素敵ねぇ！

スタンザーニ詩文奈さん × マンガ

> マンガには、人生を変えるくらいのすごいパワーがある

マンガやアニメなどの日本のカルチャーには、世界中に熱狂的なファンがいます。イタリア人の詩文奈さんもその1人。子どものころから日本へのあこがれをもち続け、現在はマンガ翻訳家として活躍しています。日本語で書かれたマンガを、ちがう言葉に翻訳するのには、どんなむずかしさや楽しさがあるのでしょうか？

profile

出身国：イタリア
職業：翻訳家
紹介：詩文奈・スタンザーニ・ピーニ。大学卒業後にマンガ翻訳の仕事を始め、2007年から日本で暮らす。イタリア語、英語、日本語を生かして、マンガを中心に、アニメや実写映画の翻訳も行うほか、日本映像翻訳アカデミーでマンガ翻訳の先生もしている。

スタンザーニ詩文奈さん×マンガ

日本でマンガ家になる！

詩文奈さんの両親はマンガが大好き。その影響で、詩文奈さんも物心ついたころからマンガを読んで育ちました。また、日本のアニメもよく見ていました。イタリアでは当時、日本のアニメが大人気だったのです。特に好きだったのは、『うる星やつら』という作品。詩文奈さんは、好きなキャラクターを主人公にして自分でストーリーをつくり、マンガを描くようになりました。

14歳のころ、「将来は日本に行ってマンガ家になりたい！」と決意、日本語の勉強を始めます。そして日本語コースのある大学に入学。さらに、勉強のため日本人の文通相手を探し、多いときには同時に50人とやり取りをしていました。大学を卒業するころには、「カッパ・ボーイズ」という、日本のマンガをイタリア人向けに翻訳・編集する会社から、声をかけられます。「イタリアのオタク社会は狭いから、みんな知り合いだったんです」。会社のメンバーは、友人でもあったのです。こうして詩文奈さんは翻訳家として働くことになりました。

出版されるよりも早くマンガが読める

はじめて翻訳したのは『攻殻機動隊』というSFマンガ。科学に関する言葉がたくさん出てくるため、「一つひとつを調べるのが大変でした」と詩文奈さんはふりかえります。それ以降、『ジョジョの奇妙な冒険』など、たくさんの作品にたずさわりました。『電影少女』を翻訳したときは、感動で涙があふれ、文字が読めなくなってしまったほどです。仕事はいそがしく、マンガを描く時間もなくなっていきましたが、「イタリアで出版される前に日本のマンガを読めるなんて！」と、いつもワクワクしていました。夢だったマンガ家ではありませんでしたが、マンガ翻訳家として活動することが楽しくてしかたなかったのです。

その後、詩文奈さんはイタリアを出て、アメリカやイギリスで暮らすようになります。学校に通ったり、ウェブデザインの会社やオートバイの会社などで働きましたが、マンガ翻訳の仕事は常に続けていました。インターネットが普及するようになり、世界中のどこにいてもやり取りができるようになったからです。そして2007年、日本に移住。日本で暮らしたいという、子どものころからの夢をかなえたのです。

作者の頭の中に入ることができる

詩文奈さんの1日は、午後4時ごろから始まります。これは、毎日朝まで働いているため。起きてまずパソコンを立ち上げ、メールをチェック。そして、読者がマンガの感想を寄せているブログ

もしかして、中身はマンガかな……？

← 17歳のクリスマス、文通相手から送られたプレゼントといっしょに。

→ 大学生のころの詩文奈さん。後ろには、大好きなミュージシャンであるエルヴィス・プレスリーの写真が。

や、アニメ・マンガ関連のニュースに目を通します。それから翻訳を始め、朝まで仕事をするのです。1冊のマンガを翻訳する時間は、文章の量や内容のむずかしさによっても変わりますが、大体3日から1週間。ほとんど家にこもりきりで仕事をするため、すっかり運動不足だ、と詩文奈さんは苦笑いします。

翻訳の楽しさは、いろいろな作者のマンガに関われることです。少し前まではホラーマンガにたずさわっていたのに、今は忍者マンガ、次は青春マンガと、バリエーションがたくさんあるため、全く飽きません。

翻訳をするためには、作品を深く理解することが必要です。何となく読むのではなく、「作者はこの場面で、どうしてこんなセリフをいわせたんだろう」「この行動にはどんな意味があるんだろう」など、いつも分析しながら読んでいきます。そのため、まるで作者の頭の中に入ったような感覚になれるのです。

むずかしいのはユーモアの翻訳

翻訳とは、言葉だけでなく「文化を翻訳すること」だと詩文奈さんは考えています。日本のマンガを翻訳するなら、日本語だけでなく、日本の文化を理解する必要があるのです。例えば「ただいま」「おかえり」という会話には、家に帰ってきたという安心感や、歓迎するあたたかい気持ちが込められています。それをしっかり理解した上で、イタリア語に翻訳しないといけないのです。

むずかしいのは、ユーモアを翻訳することです。
「日本のアニメやマンガは1970年代終わりからイタリアに広まっているので、もはやイタリア文化の一部だといっても大げさではありません。でも、日本文化を背景にした少し込み入ったユーモアとなると、どうやって面白く翻訳すればいいのか、すごくむずかしいんです」

例えばマンガの中で、日本のタレントの「タモ

仕事の心意気

翻訳のミスを防ぐため、編集者と何回もやり取りをし、少しでも気になることがあれば確認するようにしています。自分だけで判断すると、まちがいがあっても気づかないまま印刷されてしまいますから。本づくりは1人ではできません。私や編集者、デザイナーがみんなで協力し合うことで、ミスなく本ができあがるのです。

作品じまん

詩文奈さんが翻訳したマンガ。

↑詩文奈さんの仕事場。左のモニターにマンガのコマを写し、右のパソコンにセリフを打ち込んでいきます。

どの吹き出しが誰のセリフなのか、それを考えながら翻訳するのが大変なのだそうです。

擬態語もイタリア語になってる！

スタンザーニ詩文奈さん × マンガ

リ」の話が出てきたとき。ルールとしては、原作を忠実に伝えないといけませんが、そのまま翻訳しても、タモリを知らないイタリア人には通じません。訳注*1で説明することになりますが、「タモリ」がストーリーに直接関係なければ、イタリアの読者にも日本人と同じような反応をしてもらうために、イタリアの有名タレントに置きかえることもまれにあるといいます。翻訳家には臨機応変に考えることも必要なのです。

マンガ家になる夢をもち続けて

一番好きな仕事はマンガ翻訳ですが、詩文奈さんはそれ以外にもさまざまな活動をしています。マンガやアニメについて記事を書くライター、翻訳の方法を教える先生、テレビのコメンテーターなど。話題になりそうな日本のマンガをイタリアの出版社に紹介したり、アニメや実写映画の翻訳もしたりしています。英語での翻訳もできるので、イタリア以外の国から依頼が来ることもあります。日本に来てから仕事の幅が広がりました、と詩文奈さんはうれしそうです。

忘れられない思い出は、パーティでマンガ『ジョジョの奇妙な冒険』の作者・荒木飛呂彦先生に会えたこと。「ずっとあこがれていた『神様』が隣にいる！」と大興奮したそうです。

実は詩文奈さん、子どものころに目指していたマンガ家になりたい、という夢もまだもち続けています。

「マンガはもう10年くらい描いていないし、今はいそがしくて時間もない。けれど、まだ夢は捨てたわけじゃないの。引き出しの中の、いつでも取り出せるところにしまってあります」と目を輝かせました。

マンガの力を教育に生かしたい

詩文奈さんにはほかにも夢があります。それは、教育にマンガやアニメを取り入れることです。勉強は大事ですが、その方法がつまらなければ、いくらがんばっても身に付きません。勉強を嫌いになる子どもたちも増えてしまうでしょう。

例えば『うる星やつら』には、七福神*2の神様の1人・弁天がキャラクターとして出てきます。アニメを見たことで、「弁天って何だろう？」と調べれば、日本の文化についての勉強になります。

発見！ニッポン イタリアのマンガ事情

イタリアで、ヨーロッパやアメリカのマンガは「フメッティ」とよばれています。一方、日本のマンガや日本のテクニックを使って描かれたマンガは、そのまま「マンガ」と呼ばれています。それくらい、日本のマンガは特別なのです。

最近、イタリアにはマンガ家を志望する若者が増えており、日本のマンガのテクニックを教える「ヨーロッパマンガ学院」ができ、イタリア中から生徒が集まっています。また、「ルッカ・コミックス・アンド・ゲームズ・フェスティバル」や「ローマコミックス」など、マンガのお祭りも数多く開催され、にぎわいを見せています。

「ルッカ・コミックス・アンド・ゲームズ・フェスティバル」は1966年から続いているよ

ルッカ・コミックス・アンド・ゲームズ・フェスティバルのようす。

*1 訳注 … 翻訳した文章などをよりわかりやすくするために、翻訳者がつける注釈。
*2 七福神 … 日本で、福をもたらす神として信仰されている7人の神様。弁天は「弁財天(弁才天)」といい、唯一の女の神様。財宝を授けてくれる神様として知られる。

『銀魂』という作品には、幕末に実在した人物がモデルのキャラクターもたくさん登場するため、この作品をきっかけに、日本の歴史に興味をもつことができるでしょう。また、『ベルサイユのばら』*3を読むと、フランス革命に詳しくなることができるのです。

「マンガやアニメが子どもたちの好奇心を刺激して、作品の世界をもっと知りたいと思うようになれば、楽しく効果的に勉強できます。マンガにはすごいパワーがあって、読むと人生が変わる人もたくさんいます。もっとマンガの力を生かせばいいのに、と思いますね」

詩文奈さんは、マンガやアニメを通じて、これまでにたくさんの知識や経験を得てきました。今度はそれを自分が伝えていく番だと考えています。翻訳という仕事で、世界中の人々の役に立ちたい、とその夢を語りました。

もっと教えて！詩文奈（シモーナ）さん

Q 日本の好きなところを教えてください

A 安全なこと、それと24時間営業しているお店があることです。朝4時にアイスが食べたくなったら、コンビニに行って買うことができますしね。一番はマンガが買い放題なことです！

Q 日本や日本人の嫌いなところを教えてください

A イタリアはオープンにコミュニケーションをする国。バスを待っているときに、隣にいる人と話すことなど当たり前です。日本では知らない人に話しかけると、「何、この変な外人？」と思われちゃうから、ちょっとさびしいかな

Q 趣味を教えてください

A オートバイに乗るのが好き。あと1950年代のアメリカのロック音楽が好きですね、エルヴィス・プレスリーとか。ジャンルでいうと1980年代のパンクやサイコビリー*4をよく聴きます

詩文奈さんの趣味、カッコいい！

Q 子どもたちに伝えたいことはありますか？

A 「こうしなさい」「ああしなさい」と大人にいわれてするのではなく、本当に自分がしたいことを、まず探しましょう。その途中でいろいろな経験をして、一番自分に向いているのは何かを探すことが大事です。そして、思い切り人生を楽しもう！

*3 『ベルサイユのばら』… 池田理代子のマンガ作品。フランス革命を舞台とし、マリー・アントワネットなど歴史上の人物が多数登場する。1979年からはアニメも放映された人気作品。

*4 サイコビリー … 音楽のジャンルの一つ。ロックンロールとカントリーが混ざり合って生まれた「ロカビリー」というジャンルから派生した。激しい曲調が特徴。

世界に広がる日本culture

Otaku文化と外国人

　世界に誇る日本Cultureのひとつは、アニメやマンガ、コスプレなどのいわゆる「オタク文化」です。オタクという言葉が登場したのは1980年代前半のこと。当初は部屋にこもって趣味にのめり込み、人とのコミュニケーションが苦手な若者を指す言葉として使われていました。しかし、今では"Otaku"として、日本文化に夢中になる人のことを意味する言葉として、世界中で定着しています。フランスでは1980年代から日本のアニメがテレビで放映され続け、若者の多くが日本のアニメやマンガを身近な存在として育ちました。毎年夏には、ヨーロッパ最大となる日本Cultureイベント「ジャパン・エキスポ」が行われ、会場はコスプレに身を包んだ来場者でにぎわっています。2000年代になると、日本Cultureは東南アジア、ヨーロッパ、南米にも広まり、今や世界で圧倒的な人気を博しています。

　日本のアニメやマンガに影響を受け、来日して活躍している外国人もたくさんいます。ドイツ生まれのカロリン・エックハルトさんは、日本でマンガ家になることを目指して来日。夢をかなえ、『奥さまGuten Tag!』などの作品を発表しています。ロシア生まれのジェーニャさんは、日本のアニメに夢中になって来日し、2009年に『ヱヴァンゲリヲン新劇場版:破』で声優デビュー。以来、数々のアニメやゲームに出演しています。台湾人の三木なずなさんは、もともと声優を目指して来日しましたが、いつの間にかライトノベル作家になり、『チェリッシュ！ ―妹が俺を愛しているどころか年上になった』などの作品を発表しているのです。

　その流れに乗って、2014年7月、経済産業省は「クールジャパン政策」を発表しました。ポップカルチャーをはじめ、食材や伝統工芸、家電など、日本の文化を積極的に海外に発信し、国際理解を深めると同時に、経済成長につなげることが目的です。日本Cultureは、文化的にも経済的にも、国の未来を背負う存在として日本になくてはならないものなのです。

「ジャパン・エキスポ」では日本のアイドルやバンドがパフォーマンスをすることもあるよ！

日本のマンガっぽいけど、少しちがう……カロリンさんならではの絵柄だね

↑ フランスで開催されている「ジャパン・エキスポ」(2011年)。

↑ ドイツ生まれのマンガ家 カロリン・エックハルトさん。

『奥さまGuten Tag！』©カロリン・エックハルト／集英社

● **監修者紹介**

ロバート キャンベル（Robert Campbell）

1957年、ニューヨーク市生まれ。日本文学研究者。現在、東京大学大学院総合文化研究科教授。
近世・近代日本文学、とくに江戸時代後期から明治時代前半の漢文学が専門。また日本の文学、芸術、メディア、思想に関心を寄せ、新聞・雑誌、テレビ、ラジオでも幅広く活躍中。
主な編著に『ロバート キャンベルの小説家神髄―現代作家6人との対話』（NHK出版、2012年）、『Jブンガク―英語で出会い、日本語を味わう名作50』（東京大学出版会、2010年）など多数。

NDC 360
監修　ロバート キャンベル
外国人が教えてくれた！
私が感動したニッポンの文化
③ 人と人とをつなぐ「人」！ ニッポン社会で大活躍
日本図書センター
2015年　48P　29.7 × 21.0cm

● **取材執筆・写真撮影**

　p. 6 〜 11　　肥沼和之、海老澤芳辰
　p.12 〜 17　　肥沼和之、木藤富士夫
　p.18 〜 23　　肥沼和之、木藤富士夫
　p.24 〜 28　　山口紀子、有本真紀
　p.30 〜 35　　山口紀子、有本真紀
　p.36 〜 41　　篠木絹枝、木藤富士夫
　p.42 〜 46　　肥沼和之、海老澤芳辰
　コラム執筆　　肥沼和之

● **本文イラスト**　　岡村奈穂美、下田麻美

● **写真協力**　　よしもとクリエイティブ・エージェンシー、尾張万歳保存会、日本棋院、全日本かるた協会、明治国際医療大学、東洋文庫、大原美術館、時事通信社、クリスティアン・オートン、Jリーグフォト、FC東京、lazyllama/Shutterstock.com、AP/アフロ、北海道安達学園

● **デザイン・編集・制作**　　ジーグレイプ

● **企画担当**　　日本図書センター／高野総太、村上雄治

外国人が教えてくれた！ 私が感動したニッポンの文化

第3巻　人と人とをつなぐ「人」！ ニッポン社会で大活躍

2015年2月25日　初版第1刷発行
2024年7月25日　初版第4刷発行
[監　修] ロバート キャンベル
[発行者] 高野総太
[発行所] 株式会社 日本図書センター　〒112-0012　東京都文京区大塚 3-8-2
　　　　　電話　営業部 03（3947）9387　出版部 03（3945）6448
　　　　　http://www.nihontosho.co.jp
印刷・製本　　TOPPANクロレ株式会社

2017　Printed in Japan
乱丁・落丁本はお取り替えいたします。

ISBN978-4-284-20291-6　C8336（第3巻）

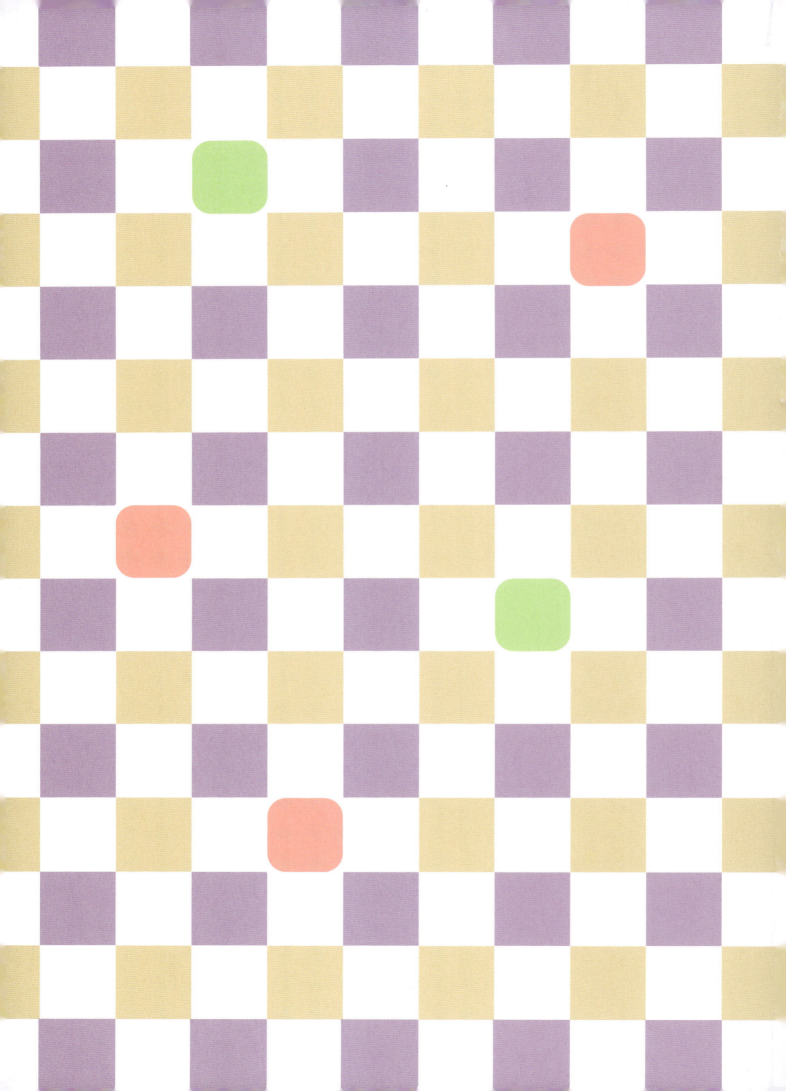